人類はこうして
核兵器を廃絶できる

核兵器廃絶へのシナリオ

本田幸雄

幻冬舎ルネッサンス新書

240

はじめに

二〇二〇年のはじめから始まった新型コロナ・パンデミックは二〇二一年になってもおさまりそうにありません。二〇〇三年に中国でＳＡＲＳが流行したときから、グローバル化した世界ではパンデミックが起きる危険性が指摘されていましたが、人類は本気でこれに取り組んできたとは言えません。地球温暖化の危機も三〇年以上前から指摘されていましたが、最近、劇症化するきざしが現れて、はじめて人類はパリ協定に本腰を入れ始めました。

このようにグローバル化した世界では、政治というものは、危機の兆候をつかんだら、すぐ本気で取り組まないと（危機の兆候を先送りしたり、もみ消したりすると）、次に現れたときには何倍にもなって、あるいは手遅れになってしまうことを教えてくれます。

人類の危機と言えば、核戦争の危機にまさる危機はありません。一九六二年一〇月のキューバ危機のときは、一三日間にわたり、米ソの世界中の核爆撃機、核ミサイル、核潜水艦が準戦時体制に入り、第三次世界大戦どころか、人類絶滅に最も近づいたときと言われました。

あれから、五八年たちました。当時、核兵器保有国は米ソ英仏の四ヶ国でしたが、現在では九ヶ国となり、この五八年で世界ははるかに複雑になり、核の世界ははるかに危険になりました。二〇二〇年代の後半には中国がＧＤＰ世界一になるでしょう。そのあとインドが人口では中国を抜いて世界一になるでしょう。二一世紀後半には現在の先進国は一割で、現在の途上国が九割という世界になるでしょう。当然、先進国、途上国の中身は大きく変わり、現在の先進国が途上国のように衰退することもあるでしょう。

とくに、地球温暖化は世界の政治・経済状況を一変させることになるでしょう。北方の凍土地帯が融け出し、アマゾンなどの密林が消失するとそこに潜んでいた様々なウイルスが解放されて、グローバル世界は数年ごとにパンデミックに襲われるとも言われています。また、人類は資源エネルギー問題、食糧問題など多くの問題に直面することになります。このような世界で人類は核兵器の恐怖をかかえてこの未曽有の危機を乗り越えることができるでしょうか。

原爆（ＴＮＴ換算約一万五〇〇〇トン）一発で広島はまさに焦土と化しましたが、水爆一発はその二五〇〇倍の威力を持つのですから、東京の周辺を含めて関東圏、ニューヨーク広域圏、モスクワ広域圏、北京広域圏などの数千万人が一瞬にしてゆうに消滅してしまいます。ということは、現在、世界には数十の広域都市圏がありますが、数十発の水爆で一瞬にして、世界の主な広域都市圏が消滅してしまうこともありうることを意味します。

　これだけの威力をもつ兵器の出現は、即、ジ・エンドです。『自然の叡智　人類の叡智』（巻末参照）では、人類始まって以来の古代の歴史から、戦争や兵器の変遷を述べてきましたが、これだけの恐怖の兵器が出現したら、もはや戦争はできません（正常な人間なら、狂人はいざ知らず）。どんな理由があろうと、どんな戦争もできません。それを現在まで延々と七五年もやってきたのですから（存続したのは偶然に過ぎません）、しかも数万発（ピーク時）も積み上げて、世界中の人々を人質にして張り合っているのですから、これに勝る人類の恐怖、人類の危機はないでしょう。

　人類の長い歴史から見て、「絶対兵器」ともいえる核兵器を保有した国が自発的に核兵器を放棄するとは考えられません。一般に核保有国の国民もいったん手にした既得権を手放さないでしょう。過去の七五年をかえりみますと、相互に話し合って徐々に減らすなどということもありえないでしょう。核兵器の性格からして相互不信の繰り返しで、結局、核破壊力の増大、人類絶滅の可能性の増大の道をたどるでしょう。時間が経てば経つほど、廃絶は難しくなります。

しかし、彼らも人間です。人類として、究極兵器と人類の存続が両立しないとわかれば、自国家に核兵器の放棄を要求する者も出てくるでしょう。特にアメリカ国民は、オバマ大統領が言ったように、核兵器を生み出し、それを人類の上に投下し、世界中に波及させ、今後、人類に半永久的に苦しみと恐怖を与える道義的な責務を負っています。それを（地球温暖化の危機や新型コロナの危機と異なって）アメリカ国民の決断一つで消滅させることが出来るのです。現在のアメリカが常任理事国を説得すれば、常任理事国は核兵器廃絶（国連管理）でまとまるでしょう（本書でも書きましたようにアメリカ以外の常任理事国は核兵器の恐怖に追随しただけです）。アメリカがイニシアティブがとれる現在しか、人類に核廃絶のチャンスは永遠に巡って来ないでしょう。

幸い二〇一七年の国連総会で「核兵器禁止条約」が成立し、二〇二一年一月に発効しました。この条約は「いかなる核兵器の使用も国際人道法に反する」と断じ、核兵器を全面的かつ完全に禁止しました。これをテコにして、人類は核廃絶に本気に取り組まなければ、人類の未来は閉ざされてしまいます。

今や人類はまさに正念場に立っています。本書は七八億人の全人類に核兵器の原点から現在までの核兵器一〇〇年の歴史をすべて知ってもらって、この危険極まりない地球の現状を知ってもらって、それぞれの国の為政者に、国民に働きかけてもらって、核兵器廃絶しか人類存続の道はないことを分かってもらうために書きました。

人類はこうして核兵器を廃絶できる

核兵器廃絶へのシナリオ

目次

第一章　原爆（核兵器）の開発

《一》二〇世紀の新科学（量子論、相対論）から核分裂まで

二〇世紀前半に誕生した量子論と相対論は、一九世紀までの科学とはまったく異なっていました。その誕生から核分裂反応に至るまでの道のりをたどります。

X線、放射線の発見

一八九五年一一月八日、ドイツのヴュルツブルク大学の物理学の教授ヴィルヘルム・レントゲンは、クルックス管を用いて陰極線の研究をしているとき、クルックス管は黒いボール紙で覆われており、光は遮蔽《しゃへい》されていましたが、机の上の蛍光紙の上に暗い線が現れたのに気づきました。その光が実験によって一〇〇〇ページ以上の分厚い本や金属も透過しますが鉛には遮蔽されることがわかり、レントゲンは何かの放射線の存在を確信し、数学の未知の数を表す「X」の文字を使いX線と名づけました。

　この発見はただちにX線写真として医学に応用されたため、レントゲンはX線発見の功績で一九〇一年最初の（第一回）ノーベル物理学賞が贈られました。これは二〇世紀の新

科学（量子論）を生み出す端緒となりました。

レントゲンの論文を読んだフランスの物理学者アンリ・ベクレルは、一八九六年、黒い紙で包んだウラン化合物が写真乾板を感光させる作用のあることを発見し、これによってウラン化合物はX線と同様に、写真乾板を感光させる放射線を出していること、つまり放射能を持っていることを発見しました。

ベクレルによる放射能の発見を受け、一八九八年七月、フランスのピエール・キュリーとマリ・キュリーは数ヶ月かかってウラン鉱石から高いレベルの放射線を出す未知の元素を精製し、マリ・キュリーの出身国ポーランドに因んでそれをポロニウムと命名しました。一二月にはポロニウムより放射線の高いもう一つの新たな元素を発見し、それをラジウムと命名しました。しかし、放射線の本性についてはまだ不明のままでした。

アルファ線・ベータ線・ガンマ線の発見と放射性崩壊

ニュージーランド生まれのアーネスト・ラザフォードは、一八九八年、ウランから二種類の放射線（アルファ〈α〉線とベータ〈β〉線）が出ていることを発見しました。一九〇〇年、ポール・ヴィラールが放射線の飛跡の写真から、電荷を持たず、透過力の高い三番目の種類の放射線を発見し、ラザフォードはこれをガンマ（γ）線と名づけ、ガンマ線が電磁波であることを示しました。

このように、一九〇八年までのラザフォードらの一連の研究で、放射線は次の三つの種類があることが分かりました。

①ベータ線は、陰極線と同じく負の電気を持った電子の流れである。

②アルファ線はアルファ粒子の流れであり、高い運動エネルギーを持つヘリウム四原子核で陽子二個と中性子二個からなり、アルファ粒子は不安定核のアルファ崩壊に伴って放出される。＋2の電荷を帯びており、電場や磁場で屈曲される。また原子がアルファ線やベータ線を出すと、その原子は他の原子や微粒子に変わる。

③ガンマ線は、X線と同じように、磁場に感応しない透過力の大きいもので、波長がおよそ一〇ピコメートル（$1pm = 10^{-12}$メートル）よりも短い電磁波である。

このように原子がアルファ線やベータ線などの放射線を出し、しかもその原子が崩壊するということは、原子がこれらの粒子を含んでいることを意味するもので、原子は構造を持った粒子であるということがわかりました。

さらに一九一一年、ラザフォードは、ガイガー、マースデンとともにアルファ線の散乱実験を行い原子核を発見しました。この実験結果に基づいてラザフォードは原子模型を発表しましたが、それについては後述します。

さらに、ラザフォードは、アルファ線を窒素原子に衝突させ、原子核の人工変換に成功し、一九二〇年には中性子の存在を予言しました。このようにラザフォードは、実験物理学の大家であり、アルファ線（α線）とベータ線（β線）の発見、ラザフォード散乱による原子核の発見、原子核の人工変換などの業績により「原子物理学（核物理学）の父」と呼ばれています。

プランクのエネルギー量子仮説

二〇世紀前半の科学で量子力学が生まれるまでの過程を述べているのですが、単なる発見や実験的事実の積み上げだけでなく、いくつかの思考の「飛躍」がありました。実はマックス・プランクはのちの量子論の最大の飛躍・量子仮説のヒントを一見量子論とはほど遠いように見える熱力学の黒体放射の研究から得ています。

物体を熱していくと、はじめはもっぱら赤外線を放射していますが、摂氏五〇〇度ぐらいから赤い光を出し始め、さらに温度を上げていくと青白く輝きます。熱放射の色（ということは波長）は物体の温度とともに変化しますが、最も理想的な放射体が黒体です。

当時、黒体から放射されるエネルギー（黒体放射）に関して、予測の式と実験的に求められたデータとの間に矛盾があることが知られていました。プランクはこの問題で頭を悩まし続けていたとき、たまたまプランクの助手から、予測の式を少し手直しすると実験とデータと非常によく一致するという提案があり、プランクには、なぜそうなるかは分かりませんでしたが、とにかくその通りにした式は、非常によく実験データと一致しました。

プランクは、はじめ意味はわかりませんでしたが、事実に合うように仮説を立てて、その意味を改めて考えました。このとき、空洞壁の振動子のエネルギーがエネルギー素量（現在はエネルギー量子と呼ばれます）の整数倍（「とびとび」の値）になっていると仮定しました。そうしたらうまく事実と合うことがわかりました。

事実は小説より奇なりと言いますが、目に見える自然界に「とびとび」はありません。どんな天才でも自然界で「とびとび」という発想は出せません。しかし、極微の量子の世界は「とびとび」だったのです。つまり、プランクは光のエネルギーが、ある最小単位の整数倍の値しか取ることができないと仮定すると、黒体放射に関して、熱力学の理論シュテファン＝ボルツマンの法則（ヴィーンの変位則）と実験的に求められたレイリー・ジーンズの法則との間の矛盾は解消されることを発見し、放射に関するプランクの法則（一九〇〇年）を導出しました。

またこの過程で得られた光の最小単位に関する定数（一八九九年）はプランク定数と名づけられ、物理学における基礎定数の一つとなりました。このエネルギーの量子仮説（量子化：「とびとび」化）はその後の量子力学の幕開けに大きな影響を与えることになり、後にアインシュタイン、ボーアなどによって確立された量子力学の基礎となるものでした。この業績からプランクは『量子論の父』として知られています。

アインシュタインの光量子仮説

しかしこのプランクの量子仮説は発表当初は物理学者の共鳴は得られませんでした。プランクの理論の持つ重大な意味をはじめて理解したのは、アインシュタインでした。

アインシュタインは、一九〇五年の有名な論文『光の発生と変脱に関する一つの発見法的観点について』において、光量子仮説を提出しました。アインシュタインは、この論文で「光は波ではなく、プランク定数hと振動数νをかけたエネルギーを持つ粒として考えればいい」と主張し、光の粒を「光量子《こうりょうし》」と呼び、光のエネルギーは「とびとび」の値をとるとしました。この考え方に従って、アインシュタインはレーナルトによって研究されていた光電効果や、その後、コンプトンによって発見されたコンプトン効果（光電効果）の諸現象を説明できました。アインシュタインは光を粒だとみなして、光電効果とは、光の粒が金属中の電子にぶつかって、電子をはじき飛ばす（起電する）現象だと考え、コンプトンの光電効果をすべてうまく説明しました。

原子の構造を求めて

Ｊ・Ｊ・トムソンは、電子を構成要素とする原子模型（無核原子模型）を作り上げました。彼の模型は一様に正に帯電した球の中に、この球と共心の円周上を等間隔に並んでいる電子が、一様な速さで回転しているというものでした。

ラザフォードは、一九一一年の気体および金属箔によるアルファ線の散乱の実験の結果、ほとんどのアルファ線は、その方向を変えることなく通り抜けましたが、一部のアルファ線は、大きな角度（九〇度以上）で散乱されることを発見しました。このアルファ線が鋭く曲げられるという事実は、原子のどこかに正電荷を持ち、アルファ線の進路を曲げさせる質量の大きい領域があることを意味しました。

そこでラザフォードは、原子には正電気を帯びた原子核があり、その原子核の引力によって引きつけられている一群の電子がそのまわりを回っているという原子の有核模型を提唱しました。しかし、この模型には致命的な欠陥がありました。

従来の古典電磁気学の法則としては、「加速度運動する荷電粒子は電磁波を放射する」とされ、「電子は自身の運動エネルギーを連続的に電磁波として放射後、失った運動エネルギーの分だけ急速に原子核に引き寄せられる」ことになっていました。しかし、現実には原子核の周囲を回る電子は電磁波も放射せず、原子核に落ち込むことなく運動を続けていました。その現実から、「どのようなメカニズムが電子を安定させているか」が問題になりました。

ボーアの原子模型

ニールス・ボーア（一八八五〜一九六二年）はこの矛盾を解決するため、ラザフォードのもとで研究し、その後、コペンハーゲン大学に戻って、原子内電子の配置について、自分の考えをまとめ始めていました。そのときボーアが特に注目したのは、ラザフォードによって見積もられた核の大きさが、原子そのものの大きさに比べて異常に小さいということとでした。

　この事実からボーアは、原子の諸性質のうち核に由来するものと、周囲の電子群に由来するものとは明確に区別されるはずだと確信しました。そうだとすると、放射能は核の現象であり、普通の物理的・化学的性質は核外電子によって生ずる現象だとボーアは考え、原子の構造としては、正の核のまわりに数個の電子が等間隔に並んだリングが回転している系を想像していました。一九一三年二月頃、ボーアは友人から水素原子スペクトルのバルマー公式に注意を向けるように示唆されて、この公式を見たとたん、ピーンとくるものがありました。

　いったんスペクトルに着目してからのボーアの進歩は驚くほどで、一九一三年、『原子および分子の構成について』という論文を発表し、図1のような電子の運動を説明する原子模型を提示しました。ボーアは、図1のように「電子は原子核の周囲を回るときには、特定の軌道しかとることができない」と結論づけ、これを原子軌道としました。その電子が固有軌道を回っている間はエネルギーの放出（吸収）は起こらず、電子がその軌道を離れて、他の軌道に移ったとき、そのスペクトルに相当する一定のエネルギーの放出（吸収）が起こると考えました。

たとえば高いエネルギーの軌道（高いエネルギー準位〔Ｅ２〕）にある、ある電子が低いエネルギーの軌道（低いエネルギー準位〔Ｅ１〕）に落ちたとき、その差に相当するエネルギー量子が放出され、このとき放出される放射エネルギー（スペクトル）の振動数は次の式で与えられると考えたのです。

$$E_2 - E_1 = h\nu$$

（hプランク定数、ν光の振動数）

しかし、ボーアの量子条件では説明できないこともありました。水素原子以外の原子では、原子核の周囲を複数の電子が回っ

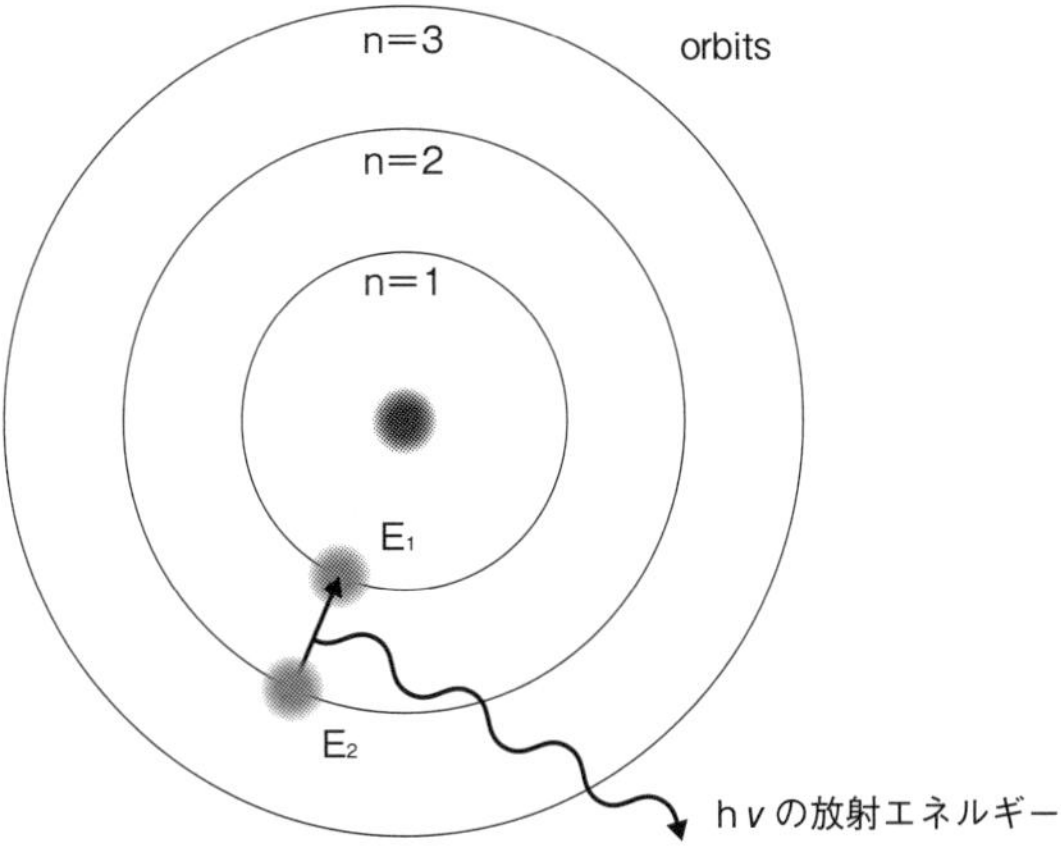

図１．ボーアの原子模型

ています。長い時間には全ての電子は電磁波を放出して最も内側の軌道を回るようになるはずですが、実際には特定の軌道を回る電子の数は限られていました（この問題は後にパウリの排他原理によって解決されました）。

このボーアの原子構造論における不連続なエネルギーの状態やエネルギー量子といった概念は、古典物理学の考えとは根本的に異なるものでした。そのためこの理論への反論が起こりました。しかしボーアはこの量子条件を水素原子に適用して水素の出すスペクトルをよく説明し、スペクトル線の主な性質についての説明にも成功しました。

さらにこのモデルは化学結合論についても、この理論によって元素の化学的性質は、原子核をとりまく核外電子の数とその配置によって決まることを明らかにし、元素の周期系に対して論理的根拠を与えました。またそれによって遷移元素の配列、希土類元素の存在にも合理的理由を与えました。このボーアの論文は、水素スペクトルを驚くほど見事に説明したことによって、ただちに注目されました。しかしボーアの原子構造論は、多電子原子などへの適用に対しては不満足なものでした。

量子力学の形成

一九二〇年代にはドウ・ブロイやシュレーディンガーなどの数学的に原子を扱う理論物理学の観点から、このボーアの理論はより完全な原子構造論へと発展させられるようになりました。

ゾンマーフェルトはボーア理論に注目し、ボーアの水素原子の理論を拡張し、多自由度系に対して量子条件を一般化しました（一九一五〜一六年）。当時のスペクトル線と原子構造の研究の集大成ともいえるゾンマーフェルトの教科書『原子構造とスペクトル線』は一九一九年に出版されました。

ボーアは、スペクトルの実験結果と元素の化学的性質を手がかりにして、原子内電子の殻状配置に、量子数を正しく割り当てることができました（一九二二年）。それらの電子配置に注目することによって、パウリは排他律を提出し（一九二五年）、それによってウーレンベックとゴーズミットは、電子が自転しながら原子核のまわりを回っていると仮定して、この自転運動にスピンという名前をつけ、スピン概念を導入しました（一九二五年）。

ドイツのヴェルナー・ハイゼンベルクは、古典的な物理描像を捨て、新しい量子力学の理論の定式化を目指しました。ハイゼンベルクは『運動学および力学的諸関係の量子論的再解釈』と題する論文で、原子スペクトルの振動数を計算する新しい理論を提出しました。この計算法が、ちょうど行列算法と同じであることに気づいたボルンは、ハイゼンベルクとヨルダンと協力して、一九二五年のうちにハイゼンベルクのもとの理論を行列を用いて表現することに成功しました。これは行列力学（マトリックス力学）と呼ばれています。

ドウ・ブロイは一九二四年に、粒子もまた波動のように振舞えるのではないか（ドウ・ブロイ波）と提案しました。つまり、①運動するすべての物質にはそれに結合した速度に反比例する波長を持つ波（位相波）が存在する、②粒子の運動エネルギーE、運動量pに関してアインシュタインの関係式$E=h\nu$、$P=h/\lambda$が成立するという、粒子に対して波動性を付与する大胆な仮説を提唱しました。このドウ・ブロイ波の実在は一九二七〜一九二八年にかけてデヴィッソン、トムソン、菊池正士らにより、結晶による電子波の回折実験によって確認されました。

ドウ・ブロイの学位論文を知ったオーストリアの理論物理学者エルヴィン・シュレーディンガーは、ドウ・ブロイの着想を発展させて、一九二六年『固有値問題としての量子化』と題する四部からなる論文において、物理学の量子力学における基礎方程式であるシュレーディンガー方程式をまとめました。シュレーディンガー方程式は、ある状況の下で量子系が取り得る量子状態を決定し、また系の量子状態が時間的にどのように変化していくかを記述しています。

さらにシュレーディンガーは、その前年発表されたハイゼンベルグの行列力学とシュレーディンガー方程式は内容的には全く同等であることを証明しました。同じ年ヨルダンとディラックが変換理論を展開し、この変換理論によって、行列力学と波動力学とは完全に統一され、一つの量子力学になりました。

こうして、シュレーディンガー方程式を解くことが、デンマークの理論物理学者ニールス・ボーアの提唱した量子論の結果を完璧なものにしました。

アインシュタインの特殊相対性理論

二〇世紀のもう一つの新しい科学・相対論は、アインシュタインが光量子仮説を発表した一九〇五年に特殊相対性理論として発表されました（アインシュタインは一九〇五年に重要な科学論文を五つ発表し、「アインシュタインの奇跡の年」と言われています）。

アインシュタインの特殊相対性理論自体は、最初の論文は「動いている物体の電気力学」という題名で発表され、以後、これを含めた数編の論文からなっていました。この理論を「特殊」と呼ぶのは、相対性理論で慣性系（加速度ゼロ）にのみ言及していることによります。

一八八七年に行われたマイケルソン・モーリーの実験によって、光の速度はどこでも同じであることがわかりました。そこで、アインシュタインは、次の二つの仮定（公理）のみをもとに思考実験をするとどのような結論が得られるかをまとめました。

①力学法則はどの慣性系においても同じ形で成立する（相対性原理）。

②真空中の光の速さは光源の運動状態に無関係に一定である（光速不変の原理）。

これらの仮定を満たすためには、それまで暗黙のうちに一様で変化しないとみなされていた空間と時間を変えるという方法を用いることになります。

「光の速度に近い、加速していない宇宙船から、光の速度がcに見えるようにするためには、どうすればよいか」

アインシュタインの答えは、「宇宙船の時間が真空の星の上と同じように進むとすると、宇宙船からは光の速度が遅く見えてしまい、不自然である。宇宙船の中の時間の進み方が遅くなるとすれば、宇宙船の中から見ても光速度（距離÷時間）は変わらないだろう」というものでした。

このように考えると、確かに、宇宙船からも光の速度が真空中の星の上と同じcに見えますが、代わりに時間の速さや空間における物体の長さが変化することになります。こうしてアインシュタインは、まず同時性の概念を定義し、同時刻および物体の長さという概念が相対的で、どんな座標系から測るかによって異なる値を持つことを示しました。そして、静止系からそれに対して一様に並進運動をする系（慣性系）への座標と時間の変換式（電磁気学のローレンツ変換と同じになります）を導きました。論文の後半でアインシュタインは、マクスウェル方程式が慣性系で同じ形をとるという要請から電磁場の量の変換式を求めました。

続いてドップラー効果と光行差（天体を観測する際に観測者が移動していて天体の位置が移動方向にずれて見えるとき、そのずれのことを指します）の相対論的説明を与え、光のエネルギーと圧力の変換を論じ、電子に対する運動方程式を与え、電子質量の速度依存を求めて終わりました。

質量とエネルギーの関係式$E=mc^2$の発見

有名な質量とエネルギーの関係式$E=mc^2$は、一九〇七年の論文『物体の慣性はそのエネルギー量に関係するか？』において、光のエネルギーの変換式を用いて導かれました。

アインシュタインの運動方程式において、この物体が運動していない場合、つまり運動量p＝0の場合のエネルギーを表す式は、

$$E=mc^2$$

これは、エネルギー（E）＝質量（m）×光速度（c）の二乗となります。

このように、この$E=mc^2$は、アインシュタインの特殊相対性理論の帰結として、この式が出てきたのです。しかし、この式が意味することは重大で、質量とエネルギーの等価性とも言われます。質量が消失するならばそれに対応するエネルギーが発生することを示します（エネルギーが発生するときにはそれに対応する質量が消失します）。

たとえば、反応の前後で、全質量がΔm減るならば、それに相当するΔmc^2のエネルギーが運動、熱、あるいは位置エネルギーに転化されることになります。このとき、はじめて人類は思ってもいなかった事実を知ることになりました（当時、その意味を理解した人は少なかったようですが）。広島に投下された原子爆弾で核分裂を起こしたのは、爆弾に詰められていたウラン二三五（約五〇キログラム）ですが、実際に消えた質量は七グラム程度だったと推測されています。この七グラムが消失して膨大なエネルギーが発生したので

す。

アインシュタインは自然の仕組み（事実）を発見しただけ

　アインシュタインは人類に「質量とエネルギーが等価である」という自然（地球、宇宙）の事実を発見しただけであり、これはどこでもいつでも成り立ちます。アインシュタインとのちの原爆開発との関連はこのことだけです。後述するように、のちに頼まれて原爆開発をルーズベルト大統領に進言する手紙に署名したこともありましたが、彼は原爆開発にはいっさいたずさわっていませんでした。この原爆開発の経緯は後に詳述します。

　一九〇五年に特殊相対性理論を発表したアインシュタインは、一九〇七年から、慣性系（加速度ゼロ）の間にのみ限られていた特殊相対性理論を互いに等加速度運動をしている座標系に一般化する理論、一般相対性理論、すなわち重力場の理論の構築に着手しました。そして一九一五～一九一六年に一般相対性理論を発表しました。

　その一般相対性理論によれば、大質量の物体は周囲の時空を歪ませ、重力の正体は時空の歪みであると説明されます。その理論的な帰結は、アインシュタイン方程式で表されますが、これを解くことによって、現代の宇宙天文学が始まったことは、『自然の叡智 人類の叡智』（二九五ページ参照）の第一章に記していますが、ここでは省略します。

以上、一九〇〇年から一九三〇年までに、二〇世紀の科学のもととなった量子論（量子力学）と相対論が人類の叡智により作り上げられるまでを概観しました。なんと多士済々の科学者がこの学問の形成にその叡智の限りを尽くして参加したことでしょう。科学史においても、人類史においても、このようなことははじめてでした。その学問の波及効果による産業の誕生はこれからのことであり、当時においては海のものとも山のものともわからないものでしたが、科学の分野で人類がより深い新しい世界を開き始めていたことは確かでした。

（この新しい科学によって、二〇世紀後半には、物理学は、原子核物理学、素粒子物理学、物性物理学、超伝導〈超電導〉、天文物理学、原子物理学、プラズマ物理学、電磁流体力学などに範囲を大幅に拡大し、それらが現在の情報通信産業や新材料産業などのもととなっていますが、ここでは省略します）。

原子核物理学の誕生

これらの科学が新しい産業を生み出すのは第二次世界大戦後の二〇世紀後半でしたが、

ただ、原爆を生み出すことになる原子核物理学は一九三〇年代に誕生しました。ラザフォードのもとで、原子核の研究を行っていたイギリスの物理学者ジェームズ・チャドウィックは、一九三二年に中性子を発見しました。帯電したヘリウム原子核であるアルファ線粒子に比べて、電気的な斥力を受けない中性子はウランなどのより重い元素の原子核に作用させることができる可能性が出てきました。

一九三〇年代の物理学者たちは、ウランの原子核が中性子による衝撃を受けたとき、原子核に何が起こるかを知りたいと願って、競って研究をし始めました。原子核物理学の誕生です。

ドイツのカイザー・ヴィルヘルム化学研究所のオットー・ハーン（一八七九～一九六八年）とオーストリア出身のリーゼ・マイトナー（一八七八～一九六八年）の共同研究チームもその一つでした。ハーンは化学者であり、マイトナーが専門としてきたのは物理学と数学であって、二人の技能は相補的であり、物理学と化学が交錯する領域で三〇年近く共同研究してきていました。

ところが、一九三八年にナチスがマイトナーの生まれ故郷のオーストリアを併合し、オーストリア在住のユダヤ人の市民権を剥奪しましたので、ユダヤ人のマイトナーは、ナチスの迫害を避けるために、一刻も早くベルリンを離れなければならなくなりました。一九三八年七月、マイトナーは、ハーンとの共同研究を打ち切り、研究室でハーンに別れを告げ、夜陰に紛れて列車でベルリンを去りました。

核分裂反応の発見

マイトナーはデンマークのコペンハーゲンに落ち着きました。ハーンはコペンハーゲンのマイトナーに毎日のように手紙を送って実験の進捗状況を報告し、実験結果のアドバイスを求めてきました。一九三八年のクリスマスの二、三日前、マイトナーは、「ウランの原子核に中性子を照射しても核が大きくならず、しかもウランより小さい原子であるバリウムの存在が確認された。何が起きているのか意見を聞きたい」と記されていた手紙を受け取りました。

マイトナーは、このとき休暇で来ていた甥の物理学者オットー・フリッシュとともに、この実験から核分裂が起きたことを証明して（このとき二人がはじめて「核分裂」の用語を使いました）、五週間後に科学誌ネイチャーに共同論文を発表しました。その論文は、ウランの原子核がどのようにして分裂するかをボーアの原子模型に基づいて説明したものでした。
この核分裂の発見で一九四四年にオットー・ハーンはノーベル化学賞を受賞しましたが、ハーンはナチスの圧力に負け、ユダヤ人であるマイトナーを共同研究者から外したため、彼女は受賞しませんでした。今日では、ハーンは核分裂の発見者であり、マイトナーは核分裂の概念の確立者であるとされています。

発見とは、あることをただ目撃することではなく、あることをこれまで知られていなかったあることとして理解することです。核分裂の真の発見者はその現象を核分裂であると正確にとらえたマイトナーであり、マイトナーがノーベル賞を共同で受賞しなかったのは、公正を欠いています。

この核分裂はその後、原子爆弾と原子力発電を生み出すことになり、このマイトナーの発見は、二〇世紀のその後の原子核物理学がたどった道筋に最も重要な役割を果たした発見でした。

《二》アメリカの原爆開発「マンハッタン計画」

レオ・シラードの杞憂《きゆう》

一九三八年、ドイツのオットー・ハーンの核分裂反応の発見は、あまりにもタイミングのよくない時期でした。ドイツの独裁者ヒトラーがチェコスロバキアを併合し、翌一九三九年九月にポーランドに侵攻し、第二次世界戦争を始める直前でした。

核分裂反応の発見から原爆開発への道には、先を見通すことに長けていた物理学者レオ・シラード（一八九八〜一九六四年）の杞憂《きゆう》（杞の国の人が、天が落ちてこないか憂いたという中国の故事より、取り越し苦労の意味）から始まりました。

レオ・シラードは、一八九八年、当時のオーストリア・ハンガリー帝国のブダペストでユダヤ系の土木技師の息子として生まれ、第一次世界大戦敗戦後のハンガリー国内の政情の混乱を受けて一九一九年にベルリン工科大学に移り、アインシュタインやラウエ、プランクなど一流の物理学者に出会い、工学から物理学の研究に転じました。

彼は科学のみならず世界情勢に関しても人よりも先を見通すことに長けていて、工学にも秀でており、研究成果を論文の形で発表するよりも特許を申請することを好み、原子炉、線形加速器、サイクロトロン（円形加速器）、電子顕微鏡を始めとする多くの先進的なアイデアを特許の形で残しています。また、年齢の離れたアインシュタインとは公私にわたる付き合いをし、液体金属ポンプの設計をともに行って安全な冷蔵庫として特許も取得していました。天才的な才能を持っていたことは確かでした。

一九三三年一月にナチスが政権を握り、翌月には国会議事堂放火事件が起きるとシラードはナチスの関与を嗅ぎ取り、その数日後には単身でドイツを後にし、ロンドンに亡命しました。

イギリスの物理学者ジェームズ・チャドウィックが一九三二年に中性子を発見すると翌年一九三三年一〇月、シラードは核分裂の連鎖反応のアイディアが不意に浮かび、すぐ、この連鎖反応についての特許をとりました。この「核の連鎖反応」という概念はレオ・シラードによって初めて提唱されましたが、それは、電気的に中性な中性子は容易に原子核に衝突させることができ、もしそれによって複数の二次中性子を放出するような種類の原子が存在すれば、連鎖反応によって、莫大な核のエネルギーが一気に放出されることになるというものでした（つまり、原爆、原発の原理です）。特許は理論だけでもとれますから、彼は核エネルギーに関する、いくつかの特許を取得しました。

そして、レオ・シラードが密かに危惧していた中性子によるウランの核分裂実験が一九三八年一二月、ドイツのオットー・ハーンらによって成功したことを知ると、レオ・シラードは、ナチスが原子爆弾を先に完成させるのではないかという強い危機感を抱くようになり、アメリカに移住しました。

エンリコ・フェルミとの核分裂実験追試

イタリアの物理学者エンリコ・フェルミは一九三八年のノーベル賞（中性子衝突による新放射性元素の発見と熱中性子による原子核反応の発見）授賞式出席のためストックホルムを訪れ、（妻がユダヤ人だったので）そのまま一九三九年一月にニューヨークに到着し、コロンビア大学の物理学教授となっていました。アメリカに移ったシラードは、一九三九年一月、コロンビア大学のエンリコ・フェルミにウランの核分裂実験（追試）を行うよう頼みました。

一九三九年一月一六日に、フェルミはコロンビア大学のサイクロトロンを使って核分裂反応の追試に成功しました。シラードはフェルミにこの結果を秘密にしておくよう主張しましたが、コロンビア大学で公的な地位を持たないシラードのそんな主張が通るわけはなく、フェルミや大学の関係者に押し切られる形で結果は公表されました。

アインシュタインへの手紙

考えること、なすことがすべて自分の心配していた方向に向かいシラードは、いよいよ最悪のこと、ヒトラーが原爆を開発するのではないかと考えるようになりました。シラードは、まずアメリカ政府にコネのある科学者への接触を試みました。彼が接触した経済学者のアレクサンダー・ザックスは、当時から抜群の知名度があったアインシュタイン（すでに一九三三年にアメリカに亡命しプリンストン大学の教授になっていました）が手紙を書けば直接、ルーズベルト大統領へ手渡すことを約束してくれました。

シラードはアインシュタインのもとで研究していたこともあった親しい間柄だったので、シラードが手紙案を起草し、アインシュタインに頼み込み、サインをしてもらいました。

この手紙では、核連鎖反応は強力な爆弾となり得ることを指摘したうえで、アメリカ政府の核エネルギーへの関心の喚起と当面の研究資金の支援を訴え、さらに核エネルギーの研究がすでにドイツの政府レベルで行われていることを示唆する事実を指摘していました

（この間の一九三九年九月一日、ナチス・ドイツはポーランドに侵攻しました）。

一九三九年一〇月一一日、アレクサンダー・ザックスがルーズベルト大統領に面会、アインシュタイン＝シラードの手紙を渡しました。ルーズベルト大統領は、アインシュタインの手紙の意見を受けて、ウラン諮問委員会を発足させましたが、この時点ではまだ、核兵器の実現可能性は未知数であると聞き、大きな関心は示しませんでした。

原子炉とプルトニウムの開発

一九三九年一〇月二一日、ウラン諮問委員会の最初の会合が開かれ、陸軍から少額の研究資金が与えられ、一九四〇年、シラードとフェルミは黒鉛の中性子吸収に関する実験を行い、黒鉛を減速材として用いた連鎖反応が有望であることがわかりました。

続いて、一九四〇年六月、四万ドルの資金がコロンビア大学へ与えられ、シラードはコロンビア大学から正式に雇用され、フェルミに協力して連鎖反応の基礎実験を続けました。連鎖反応の実現にはウランの同位体の一つであるウラン二三五が必要であること、天然ウランにはウラン二三五が約〇・七％しか含まれていないので、いかに効率よくウラン二三五を分離・精製するかが課題であることがわかりました。

また、原子炉において、原子番号九二のウラン二三八が中性子を捕獲してウラン二三九となり、それがベータ（β）崩壊して原子番号九三のネプツニウム二三九になり、さらにそれがベータ（β）崩壊して原子番号九四のプルトニウム二三九ができ、このプルトニウム二三九を使って連鎖反応が起こせることもわかりました。

なお一九四一年二月に原子番号九四のプルトニウムがカリフォルニア大学バークレー校のグレン・シーボーグにより発見されました。

イギリスでの検討

一方、イギリスでも前述のマイトナーの甥であるオットー・フリッシュとドイツ生まれのルドルフ・パイエルスという二人の亡命ユダヤ人物理学者がバーミンガム大学で核分裂の研究をして、一九四一年七月、ウラン型原子爆弾の基本原理とこれに必要なウランの臨界量の理論計算をレポート『フリッシュ＆パイエルス覚書』にまとめ、核エネルギーの兵器応用、原子爆弾の可能性を具体的に示しました。

これによってイギリスの原子爆弾開発を検討する委員会であるモード委員会（偽装として選ばれた名称であり特に意味のない名称）が作られ、一九四一年の夏、ウラン濃縮とこれを利用したウラン爆弾の開発は可能、そして航空爆撃機に搭載可能な大きさであること、人工的に生成される新たな放射性元素であるプルトニウムが核爆弾の核分裂の素材になりうること、「我々は、今や実戦的なウラン爆弾の製造が可能であるという結論に達した。（略）それは、戦争に決定的な影響力を持つものと思われる」という報告書をまとめました。

この時点ではイギリスの検討がアメリカより進んでいたと言えます。一九四一年一〇月にイギリスの原爆開発計画「チューブ・アロイズ」が発足しました。この時点で、チャーチル首相は、イギリス政府からアメリカ政府へ報告させました（アメリカはまだ、第二次大戦に参戦していませんでしたが、米英の仲はそれほど親密でした）。

イギリスのレポートの内容を検討したルーズベルト大統領は、（アインシュタインの手紙の影響もあったのでしょう）ここではじめて原子爆弾の重大性を知り、原子爆弾の開発を目的とした一大プロジェクトに着手すると決定しました。

また、ルーズベルトはイギリスとの協力体制についても同意し、一九四一年一〇月一一日にイギリスの首相チャーチルに書簡を送りました。当時、イギリスは連夜のごとくドイツ空軍の爆撃にさらされていましたので、最終的にチャーチルが下した決定は、「イギリスは、アメリカを拠点としたアメリカ人が管理する原子爆弾開発を支援する」というものでした。

シカゴ大学原子炉ＣＰ−1の臨界実験に成功

一九四一年一二月の日本軍の真珠湾攻撃の直後、シカゴ大学のアーサー・コンプトンは「冶金研究所」（隠蔽《いんぺい》のために無関係な名称が付けられました）にてプルトニウムの研究を開始しました。研究のため、コンプトンはエンリコ・フェルミ、レオ・シラード、グレン・シーボーグなど核分裂の研究者をシカゴ大学に呼び集めました。

フェルミは、一九四二年五月、シカゴ大学キャンパス内のアメフト場に世界最初の原子炉「シカゴ・パイル（ＣＰ）−1号」を完成させ、一九四二年一二月二日より臨界実験を始めました。同日一五時二五分（シカゴ時間）、制御棒が引き抜かれ、原子炉ＣＰ−1号は臨界に達し、原子核分裂の連鎖反応の制御に史上初めて成功しました。

しかし、プルトニウム原爆の製造に必要な量のプルトニウムを生産するためには、ＣＰ−1号はスケールが小さすぎ、もっと大きな設備が必要であることが判明しました。ジェームズ・コナント（ハーバード大学総長及び国防開発委員会議長）は、ウラン原爆とともにプルトニウム原爆の開発に着手するよう科学研究開発局局長のバーネバー・ブッシュに進言しました。ブッシュたちは巨費を要する原爆の開発・製造を国家事業とするようにルーズベルト大統領に提言しました。ルーズベルト大統領はこれを承認しました。

マンハッタン計画の発足

一九四二年六月、ルーズベルトは原爆開発計画を秘密裡に開始させ、総括責任者にはレズリー・グローヴス准将を任命しました。

一九四二年九月にグローヴスを統括指揮官とする秘密国家プロジェクト「マンハッタン工兵管区」(名称は偽装です)が開始されました。通称マンハッタン計画と呼ばれる原爆の開発・製造プロジェクトでした。マンハッタン計画は、最終的には一三万人の人員と二二億ドル(現在の貨幣価値に換算すると二七〇億ドル〈約三兆円〉)の経費が注ぎ込まれました。二八ヶ所に研究関連施設が建設されました。

計画に参加する科学者たちのリーダーに選ばれたのは物理学者のロバート・オッペンハイマーでした。オッペンハイマーの提案で、一九四二年一一月にニューメキシコ州ロスアラモスに研究所が置かれることが決定されました(サイトY、のちのロスアラモス国立研究所)。彼を研究所長に、エンリコ・フェルミ、ジョン・フォン・ノイマン(爆縮レンズの計算担当。後述）、オットー・フリッシュ、エミリオ・セグレ、ハンス・ベーテ、エドワード・テラー、スタニスワフ・ウラムなど著名な科学者のほか、リチャード・ファインマンなど若手の研究者やハーバード大学やカリフォルニア大学など名門校の学生など、延べ三〇〇〇人の科学者が集められていました。一九四三年四月にロスアラモス研究所が完成、家族を入れて六〇〇〇人が移住しました。

ロスアラモスの他にもシカゴ大学冶金研究所やカリフォルニア大学バークレー校など多くの施設がマンハッタン計画に参加し、アーサー・コンプトン、レオ・シラード、アーネスト・ローレンス、ジョン・ホイーラー、グレン・シーボーグなど、延べ一二〇〇〇人の科学者が協力しました（ノーベル賞受賞者が二五人参加していました）。

ウラニウムの分離施設と計画の司令部はテネシー州・オークリッジ（サイトX、のちのオークリッジ国立研究所）に置かれました。オークリッジに巨大なウラン濃縮工場が建造され、二年後の一九四四年六月には高濃縮ウランの製造に目途がつきました。

プルトニウムの抽出はワシントン州・リッチランド北西郊外（サイトW、のちのハンフォード・サイトで現在もアメリカで最大級の核廃棄物問題の研究所）で行われました。アメリカ以外ではカナダのモントリオール大学が計画に参加しました。

ケベック協定――原爆の英米加共同開発

イギリス国立公文書館所蔵ファイル（ＦＯ８００／５４０）によりますと、英米は原爆を共同で行うこととして、一九四三年八月、ルーズベルトとチャーチルはカナダのケベック州で会談し、原爆の共同開発の進め方と使用原則について協議して次のような秘密協定（ケベック協定）を結びました。

① 開発された兵器（原爆）を互いに攻撃するためには使用しない。
② 第三国に兵器を使用する場合、お互いの同意が必要。
③ 両国の同意がない限り、イギリスの計画「チューブ・アロイズ」に関する情報は流さない。
④ 開発に当たってアメリカの負担が大きいことを認める。

などでした。

原爆の二つのタイプ

マンハッタン計画では、原子爆弾として二つのタイプが可能であるとして、研究開発を継続しました。

いわゆる広島型原子爆弾の起爆方法は、図2・Aのように砲身型（ガンバレルタイプ）と称し、タンパーと呼ばれる鋼鉄製のパイプの一端にウラン二三五の塊を置き、もう一方の端に置いたウラン二三五の塊を火薬の力で吹き飛ばし、互いにぶつけて一塊として臨界量を超過させることで起爆させるというものでした。

しかし、このウラン二三五の生産は当時の技術では非常に困難であることが明らかになりました（当時の遠心分離機は性能が悪かったのです）。それに対し、プルトニウムは専用に作られた原子炉の副産物として得られるために生産は比較的容易でした。

もう一つのタイプのプルトニウム爆弾は、図2・Bのように、空洞を持つ球状のプルトニウム二三九塊の周囲に配置された球状の爆薬から発生した球状の圧縮波がプルトニウム塊を押しつぶし、内部の圧力を一気に上昇さ

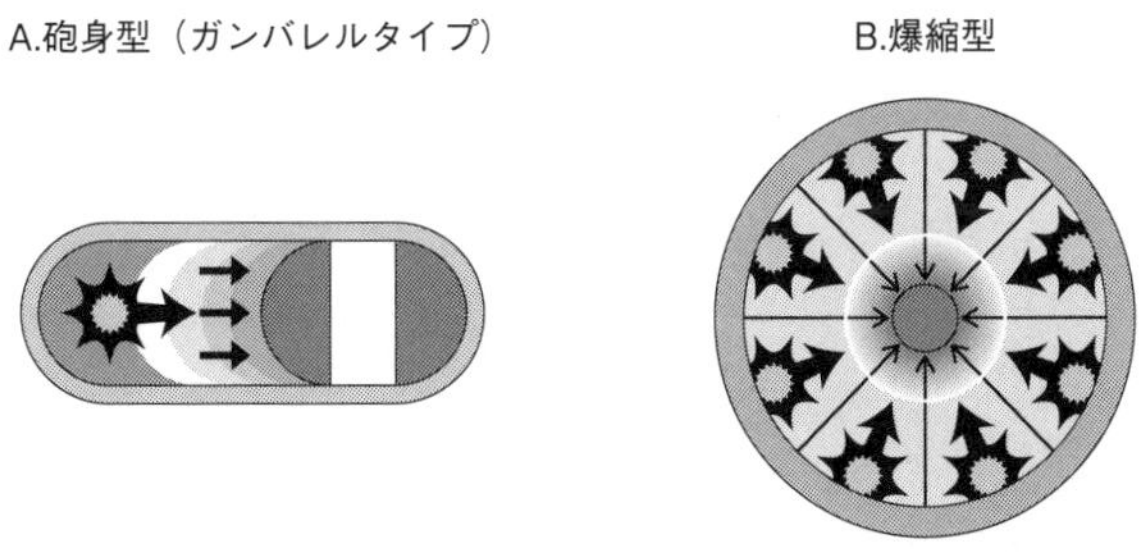

図2．原爆の二タイプ

せて臨界量を超過させることで起爆させるものでしたが、この爆縮型原爆（長崎型原子爆弾になりましたが）の起爆方法には、圧縮力に少しでも誤差があると、大事なプルトニウムが爆弾の外に放り出されてしまい、大規模な爆発を起こさず不発に終わってしまう恐れがありました。

この圧縮波を一点に集中させる「爆縮レンズ」を作り出すのは困難を伴いましたが、数学者のジョン・フォン・ノイマン（戦後、現在のノイマン型コンピュータの開発者としても有名になりました）は一〇ヶ月にわたる数値解析によって、この問題を解決しました（図2・Bの周囲三二ヶ所に同じ起爆装置を置き、誤差は百万分の一秒を実現しました）。しかし、圧縮方式については、当時の技術で完璧な「爆縮レンズ」を作り出すのは不安が伴いましたので、この爆弾を実戦で十分な信頼性を持って使用するために、事前に起爆実験を行うことにしました。

徒労に終わったボーアの原爆国際管理提案

ナチスのヨーロッパ支配拡大とユダヤ人迫害を見て、ユダヤ人を母に持つボーアは一九四三年一二月にデンマークからイギリスへ逃れました。彼は米英によるマンハッタン計画を知ると、政策決定者たちに対して、原子力兵器についての人類史上の意味を知らせ、原子力の国際管理を説得するのが彼の義務であると考えました。

ボーアの考えは次の二つの想定に基づいていました。第一は、原子爆弾の出現は人類の過去の経験に類のない怪物となるということであり、第二は、このような怪物を一つの国が独占し続けうるとは考えられず、遅かれ早かれ競争相手国もこれを所有することになる。このような前提からすれば、軍事力による安全保障という伝統的な概念は無意味化してしまうことになる。したがって原子爆弾は、政治家の選択範囲を根本的に限定してしまうものである、とボーアは考えました。

そこでボーアの考えによると、①人類に許される選択は、列強が、他のいかなる国も核兵器生産を行っていないことを相互に確信し合える世界を目指す政策をとるか、あるいは②常に世界全滅の亡霊に支配された世界をとるかのいずれかであり、その中間の選択はありえないというものでした（オール・オア・ナッシング〈生存か絶滅か〉の考え）。新しい兵器の威力は、それほど強大である。原子力を何らかの形で国際的に管理することによって、列強にそれぞれの安全を保障しない限り、列強は自己破滅の種をまくような政策をとらざるをえなくなる、というのがボーアの結論でした。

したがって、原爆開発により新しい国際秩序を形成することが不可欠で、原子力国際管理のための協定を作り上げるのは、原爆開発が完成する前、そして戦争が終結する前にソ連を戦後、原子力計画の相談に参加させることによってしか達成できない、というのがボーアの主張でした（今から思うとボーアの方法しか道はなかったと思われます）。

このような信念のもとにボーアは、英米間を何度も往復し、一九四四年二月下旬、旧知のフランクフルター最高裁判事を通してルーズベルト大統領に、一九四四年五月頃にチャーチル首相に、一九四四年八月二六日にルーズベルト大統領に会い、直接訴えましたが、ボーアの原爆の国際管理提案は徒労に終わってしまいました。

ハイドパーク協定（原爆使用の英米協定）

イギリス国立公文書館所蔵ファイル（PREMIER3/139/9）によりますと、チャーチルは一九四四年九月一八日、ハドソン河畔のルーズベルトの別荘ハイドパークを訪れ、以下のような「ハイドパーク協定」を結びました

① 原子力の管理と使用に関する国際協定を目指すため、世界に公表すべきという提案は、受け入れず、極秘にする。しかし、原爆が完成した暁には、熟慮ののち、おそらく日

本に対して使用される。その際、日本に対して、降伏するまでこのような爆弾による攻撃が繰り返される旨の事前の警告を与えるべきである。

② 原子力を軍事目的と商業目的のために開発することを目指す英米両国政府間の協力は、合意によって停止されない限り継続される。

③ ボーア教授の活動を調査し、同教授が情報を特にソ連にもらさないことを保障するための措置を講ずる。

このハイドパーク協定は、ドイツ降伏は時間の問題となり、しかも、ドイツは核開発の基礎研究の段階に留まっていることがわかりましたが、マンハッタン計画を中止するのではなく（アメリカが中止してしまわないように）、日本を対象にして計画を継続しようとチャーチルが先手を打ったと考えられています。

このハイドパーク協定ではじめて、ナチス・ドイツが原爆を開発するかもしれないから、それに対処するためにマンハッタン計画を進めるという目的（予防目的）そのものが変わったということになります（日本の当時の科学レベルで原爆開発は無理であることは英米には最初からわかっていましたから）。

ブッシュの原爆の国連管理提案

ルーズベルトはハイドパーク会談の四日後の一九四四年九月二二日に科学研究開発局局長のバーネバー・ブッシュと一時間半にわたって会談しました。ブッシュはここで大統領から原爆の使用法について相談を受けたようです。

ここでブッシュは、大統領が戦後においても英米による原子力独占を維持する考えであるらしいという印象を強く受けてホワイトハウスを辞しました。この会談におけるルーズベルトの言葉の端には、彼がチャーチルの見解にすでに同意していたことが現れていました。

ブッシュは、大統領に会った翌日ただちにジェームズ・コナント（ハーバード大学総長及び国防開発委員会議長）と相談して「この問題（原子力）の国際関係一般に及ぼす影響や戦後処理に関して、大統領の要請がなくても助言すべきである」と考え、一九四四年九月三〇日に陸軍長官スティムソンに二つの覚書を提出しました。一つには次のように記されていました。

① これは、来年夏までには軍事上きわめて重要な案件となる。

② 戦争終結後に科学技術が急速に進歩し、軍事がその他の分野を圧倒する局面が生まれるものと思われる。

③現在、アメリカは一時的に優位な立場を占めているとはいえ、その優位性を失う恐れがあるばかりか、立場が逆転することも考えられる。

④本件に関する基礎知識は広く知れ渡っていることから、秘密を厳守することによってアメリカの安全保障を確保しようとする試みは無謀だと思われる。

⑤原材料（ウラン鉱）の供給の抑制によってその使用に制限を加えようとする試みは、本件が将来的にとりうる具体的な形態を顧慮すれば、まったく不可能である。

⑥本件に関する科学技術の国際的な交流を徹底して行うとともに、国家の国際的な連合体を組織し（この頃ルーズベルトは国連の原案を国務省に検討させていました）、その下部組織としてそれを支援し、査察の権限を持つ委員会を設けることができれば、本件にもとづく軍拡競争を防止できる可能性ばかりか、将来の世界平和をさらに推進できるとの希望が持てないわけではない。

二つ目の文書で、この原子爆弾は、高性能爆薬一千～一万トンに相当する。これはB-29爆撃機一〇〇～一〇〇〇機相当分の損壊をもたらすことができる。英米による現在の原子力独占を、今後三、四年以上にわたって維持することは不可能であろう。適切な科学的、技術的資源を有する国ならば英米に追いつくことができ、場合によっては、追い越すことさえ可能である。遠くない将来において、原子爆弾の一〇〇〇倍の破壊力を持つ水素爆弾の可能性がある。主要人口密集地帯はすべて、先制攻撃をかける国の意のままになる状況下に置かれることになる。もはや安全保障は、機密を保持することによっても、あるいはウラン原鉱を支配することによっても確保できなくなる。なぜならば、重水素の供給は、ほとんど無制限だからであるなどが記されていました。

ブッシュはその後も、たびたび、スティムソンに会い原爆の国際管理について説きました。一九四五年二月一五日、ブッシュは、スティムソンと原子力エネルギー問題について協議し、原爆の将来についての彼自身の考え方を、今こそ大統領に直接持ち出すときであると感じ、国際連合憲章の中に国際科学研究に関する条項を含ませることを進言した書簡を大統領に送りました。

この中でブッシュは、国際的な相互信頼の環境を作る必要があること、そのために核軍備競争の脅威に直面する世界においては、いかなる国も秘密に核兵器を生産しないことを保障する機関が必要になることを説きました。この計画が成功すれば、それは、軍事応用の可能性を持つすべての科学研究に関する情報の完全交換とその国際管理のモデルとなるものでした。究極の目標は、すべての主要兵器システムを国家単位の管理から国際管理へ移すことでした。そして、原子爆弾は、そのテスト・ケースであるとブッシュは考えました。

アレクサンダー・ザックスの提案

一九四四年一一月には、アレクサンダー・ザックス（リーマン・ブラザーズ副社長。一九三九年一〇月一一日にシラードが起草したアインシュタインの手紙をルーズベルト大統領に面会して渡した人物）がホワイト・ハウスを訪れて、大統領に次のような四段階から成る政策を提案しました。

新兵器使用が、アメリカの道徳的リーダーシップの破壊につながることを懸念して、第一段階は、連合国および中立国から選ばれ、国際的に認められた科学者および主要宗教界代表の目前で、原子爆弾の完全公開実験を行う。第二段階は、原子兵器の意味についての総合的な報告書を用意する。第三段階では、アメリカ、イギリス、カナダがドイツおよび日本に対して、降伏しなければ、それぞれの国の特定地域を新兵器によって攻撃するという警告を与える。そしてこれが失敗した場合には、第四の最終段階として、即時降伏に応じなければ、それぞれの民族を原子爆弾によって全滅させるという最後通牒を突きつけるというものでした。

ザックスはのちに、彼の提案は「ルーズベルト大統領から好意的に受け取られた」と述懐していましたが、大統領がザックスの提案を誰かに話したという証拠はまったくありませんでした。これは前述したブッシュの提案についても同じでした。

原爆投下部隊（第五〇九混成部隊）の発足

そして、一九四四年一二月にルーズベルト大統領の指示により、原爆投下の実行部隊（第五〇九混成部隊）が第二〇空軍内に設立されました。この部隊の設立目的は、当時の敵国の日本への原爆投下作戦の遂行でした。ただし、この目的は作戦を実行する兵士には作戦当日まで伏せられたままでした。

隊長に任命されたポール・ティベッツ陸軍中佐は、一九四四年一二月に編成を完了し（B–29計一四機および部隊総員一七六七人）、ユタ州のウェンドバー基地で原爆投下の秘密訓練を開始し、一九四五年五月に太平洋の作戦基地のテニアン島に移動しました。テニアン島から日本へ飛行しての原爆投下の演習を、模擬原爆（パンプキン爆弾）を用いて、繰り返し実行しました（現実に日本に多くの模擬原爆を落としていました）。

原爆投下阻止の試み

前述しましたボーアやブッシュたちの動きとは別に、一九四四年の夏には、ドイツに対する戦争の決着が見え始め、それとともにドイツの原爆開発の可能性がないこともわかってきました。

一九四四年七月にシカゴ大学冶金研究所のアーサー・コンプトンが発足させたジェフリーズ委員会が原子力計画の将来について検討を行い、一一月一八日、「ニュークレオニクス要綱」と題した報告をコンプトンに提出しました。

この報告はタイトルが示すように、エレクトロニクス（電子工学）に対応したニュークレオニクス（原子核工学）という名前を提唱し、アメリカが原子核の研究とニュークレオニクス産業で指導的な地位を保つとともに、原爆を「都市や全国民を絶滅するために使われてはならないのが、我々の熱烈な希望である」として、核戦争の手段を効果的に管理できる警察力を持った国際管理機関の必要性を述べていました。

一方、原爆開発のきっかけを作ったシラードは、マンハッタン計画においても大きな役割を果たしていましたが、原爆の完成が近づき、ドイツ敗北の目途がたってくるにつれ、東京大空襲など日本に対する大規模な爆撃が始まると、日本に対しての原爆使用を懸念し始めました。シラードはアインシュタインを通じて再びルーズベルト大統領に接触しようとしましたが、その前の四月一二日に、ルーズベルトの急死のニュースが入りました。

ルーズベルト大統領の死去

ルーズベルトとスティムソン、二人の老政治家が会ったのは三月一五日でした。これが最後になるとは、もちろん、二人とも思っていなかったでしょう。スティムソンはブッシュ、コナントから説明を受けたように、将来の見通しと原子爆弾が引き起こす問題について大統領に説明しました。この説明の中でスティムソンは、戦後の原子力国際管理に関する考え方には、二つの流れがあることを指摘しました。

一つは、①マンハッタン計画の秘密を守り続けることにより英米の原子力独占を維持しようとする考え方であり、他の一つは、②科学研究および査察の自由が保障されるようなシステムを基礎とした国際管理体制を作り上げようとする考え方でした。いずれの考え方に従うかは、ただちに決定されなければならず、原子爆弾が使用される前に決着をつけておかねばならない問題であると言いました。

ルーズベルトは、スティムソンの述べたことに対して、反対は何一つ示しませんでした。

そして、スティムソンは、「大統領との会談はだいたいにおいて成功だった」と判断しました。しかし、いつものように、この切迫した重大問題に対しても、大統領は決然たる行動に移ることはありませんでした（ルーズベルトは原爆の扱いについて、ボーアやブッシュ、ザックス、スティムソンなどからいろいろ聞いて、そのつど同調的な発言はしましたが、本心は依然として不明のままでした）。

一九四五年四月一二日昼食前にルーズベルトは急死しました。死因は高血圧性脳出血であり、死亡日の血圧は三〇〇／一九〇㎜Hgでした。一年前から最高血圧は二〇〇㎜Hg以上でした。当時は高血圧の薬は実験的な報告が出たばかりで、有効な治療法はありませんでした。

《三》ドイツの原爆開発の状況

そもそもアメリカの原爆開発はレオ・シラードの杞憂――ドイツのヒトラーが核爆弾のことを知り、原爆を先に手に入れたら、どうなるだろうと考えたことから始まりました。そのドイツでは一体どうなっていたのでしょう。少しさかのぼってみましょう。

ドイツで原爆開発にもっとも熱心だったのは、一九三四年に陸軍兵器庁付となった物理学者のクルト・ディープナーで、物理学に関心を持つよう軍部を説得し続け、一九三九年夏にとうとう原爆製造計画に着手する許可を手に入れました。この時期は、アメリカでアインシュタインの手紙によって一九三九年一〇月にウラン諮問委員会が作られた時期とほぼ同じでした。

陸軍兵器庁の原爆開発に前向きな主張に対して、核分裂反応を発見したオットー・ハーンは、ドイツは膨大なウランの埋蔵量があるとはいえ、ウラン鉱にごく微量しか含まれていない同位体であるウラン二三五を分離するのは決して容易ではないと一貫して異論をとなえ続けていました。

陸軍原子力研究プロジェクトに配属されたハイゼンベルク

ハイゼンベルクの助手を務めていたエーリヒ・バッゲは、陸軍兵器研究所に勤務していて、核兵器の製造が実現する可能性があることを指摘し、ハイゼンベルクの招聘を当局に提案しました。こうした経緯で、ハイゼンベルクは当局から一九三九年九月二六日にベルリンへ呼び出され、ナチスの陸軍原子力研究プロジェクトに理論物理学者として軍事任務に就き、ドイツ南西部のシュヴァルトヴァルト（森林地帯）の施設に配属されました。

ハイゼンベルクは教会の地下に初歩的な原子炉を建設し、原子力研究を行いました。原子炉は、ウランばかりでなく、原子核反応を減速する重水（水素の原子核に一個の中性子を加えた重水素の水）を必要としていました。重水はノルウェーの工場から供給されていましたが、連合軍の爆撃によって工場は破壊されました。のちに、重水の供給が絶たれたことが、ドイツが原爆製造プロジェクトから早々と手を引かざるをえなくなった要因のかなりの部分だったというドイツの科学者もいました。

核分裂が軍事的に利用できるかどうかを探るための二年間の基礎的な研究を終えた一九四一年一二月、ヒトラーの命令を受けて、ドイツの原爆製造計画をめぐって、上層部は半年間、検討を重ねることになりました。

ウィルヘルム・カイテル元帥の科学顧問をしていた陸軍兵器庁の研究部長エーリッヒ・シューマンは、核研究に取り組む各地の研究所の責任者に書簡を送り、実戦配備が可能な原爆の完成に要する時間について意見を交換するため、ベルリンで開く全体会議に参集せよとの指令を出しました。シューマンの書簡による呼びかけで、科学者、軍の将校、民間の関係者、そして政府の高官など、いろいろな集団が、一九四一年一二月一六日にベルリンで第一回目の会合を開きました。

まず、それぞれのグループが手がけてきた研究の報告がなされました。この会議の詳細な記録は現存していませんが、シューマンとその上官のレープ将軍は、核分裂の研究を進めても軍事的に得るところはないという「正式な結論」に達しました。

原爆開発に積極的だった陸軍兵器庁

ところが、上層部が悲観的な見方をしている一方で、ディープナーを責任者とする陸軍兵器庁の物理学者たちは、ベルリン郊外のゴットウにあった研究所で、独自の原子炉の実験に取り組んでいて、原子炉と原子爆弾の開発を目指す本格的な作業に着手する提案をするつもりでいました。

ディープナーとその同僚たちが一九四二年二月に書き上げた「ウランを用いたエネルギー生産」と題する報告書には、ウラン二三五もしくは原子炉の内部で生じる九四番目の元素（プルトニウム）を使えば、「同量のダイナマイトの一〇〇万倍の破壊力」を持つ爆弾を作ることが可能だと明記していました。そして原爆を作るには一〇ないし一〇〇キログラムの核分裂性物資が必要だとしており、原爆製造計画を一大産業プロジェクトにすべきだと力説していました。

さらに、ドイツ物理学協会の会長を務め、大企業ＡＥＧ（ドイツの大電機メーカー）の研究所長でもあったカール・ラムザウアーは、分厚い資料を帝国科学者専門会議の教育相ベルンハルト・ルスト宛に送付し、アメリカが核物理学の分野で成果を上げていることを示す資料を巻末に付して、ドイツはハイゼンベルクの処遇を誤らなければ、それほどアメリカに遅れをとらないで原爆の開発ができると言ってきました。

この分野でのドイツの第一人者はハイゼンベルクであることは誰もが認めていました。彼の意見がドイツの核開発の動向を決めるだろうということは、ドイツの関係者はもちろん、アメリカやイギリスにいる彼の多くの物理学の友人もそう思い、また、彼を恐れていたのです。

このラムザウアーの教育相ベルンハルト・ルスト宛の提言をきっかけに、帝国科学者専門会議の核分裂に寄せる関心は深まり、陸軍兵器庁の研究部長シューマンのもとで、陸軍は核エネルギーに関する実質的に最後となる会議を、一九四二年二月二六日からベルリンで開きました。しかし、この会合でも一般的な核エネルギーの話が主で具体的な原爆開発計画に言及する者はいませんでした。

被害甚大な復讐兵器を求めたヒトラー

こうして核開発問題は一件落着したと思われましたが、ここでヒトラーが出てきました。バトル・オブ・ブリテン（一九四〇年七～一〇月の英独空軍の熾烈な航空戦）のあとも、英独相互の空襲は間断なく続いていましたが、一九四二年三月末には、イギリス空軍は新たに編み出した焼夷弾による無差別爆撃を中世の都市リューベックに試み、一夜の空襲でリューベックの町並みが焼き尽くされ、ドイツで初めて数千人もの死傷者が出る結果となりました。第二波でロストックが同じようにやられました。もはやイギリスも手段を選ばず、とにかくできるだけ多くの市民が死傷する兵器を科学技術を使って開発させたのです。

これに対して、四月二六日の帝国議会で、ヒトラーは激昂し、「今後殴打には殴打をもって応えることにする」と復讐を誓いましたが、ドイツは重爆撃機をまったく生産しておらず、また軽爆撃機もほとんど残っていなかったため、ヒトラーは脅しを実行する道具を持っていませんでした。いきりたったヒトラーは、何でもいいから復讐の手段を求めていました。

ヒトラーのお気に入りで軍需相になったばかりのシュペーアは、一九四二年四月下旬の昼食をともにした軍備部門を統括するフリードリッヒ・フロム将軍から、はじめて原子爆弾の話を聞きました。彼はラムザウアーから聞いた話として、この爆弾は都市を破壊し尽くすことのできるもので、ドイツが戦争に勝つためにはこのような圧倒的な破壊力を持つ新兵器を開発するしかないと語りました。そして、このような武器があれば、イギリスは全面降伏することは間違いない、この新兵器の研究に取り組む科学者たちとの正式な会合を開き、彼らの意見を聞くべきだと、フロムはシュペーアに進言しました。

鍵を握る男ハイゼンベルク

このようにして、第三回目の会議が一九四二年六月四日にもたれることになったのですが、シュペーアと空軍元帥ミルヒとその側近が出席したこの会合こそ、原爆の製造を望む科学者たちにとって、これ以上の好機はないと考えられました。

会議では核研究の理論面での責任者であるハイゼンベルクが今後の見通しを説明しました。彼の講演の原稿は残っておらず、シュペーアが書いた回想録によれば、ハイゼンベルクの話す内容はもっぱら科学の事業として核研究の話、帝国科学者専門会議のしみったれぶり、研究のための材料の不足（主として鉄鋼、ニッケルなどの金属類）というようなドイツの科学者なら誰もがしゃべるようなことでした。

ハイゼンベルクが講演を終えて自分の席に戻ると、シュペーアは単刀直入に「どうしたら核物理学を原子爆弾の製造に応用できるか」と尋ねました。のちに、ハイゼンベルクは「ええ、原理的には原爆の製造は可能ですし、爆発性物質を作り出すこともできますが、我々の知るところでは、こうした爆発性物質を作るための全過程には莫大な費用と多くの年月を要するでしょうし、本当に実行するのであれば、途方もない技術的な出費が必要になります」と説明したと言っていました。

さらに、ハイゼンベルクがドイツにはサイクロトロンがないから研究が進まないのだと説明したのに対し、シュペーアが軍需省の力でアメリカのサイクロトロンに匹敵する大型のサイクロトロンをかならず建造すると言うと、ハイゼンベルクはこれに異をとなえ、ドイツはこの分野での経験を欠いており、まずは小型のサイクロトロンを使った実験から始めなければならないと言いました。

ミルヒ元帥がハイゼンベルクに「たとえば、ロンドン程度の大都市を壊滅状態にするとしたら、どれくらいの大きさの原爆があればいいのかな」と尋ねました。ハイゼンベルクは手で大きさを示しながら、「ほぼパイナップルくらいのものでしょう」と答えました。

次いでミルヒがアメリカは原子炉および原爆を完成するのにどれくらいの時間がかかる

かと質問したのに対し、ハイゼンベルクはたとえアメリカが最大限の努力を傾けたとしても、一九四五年までは、アメリカの原爆を恐れる必要がないと答えました（この時間感覚はほぼ正しかったと言えます）。

ところが、「どのくらいの金が必要か」と尋ねられると、ワイツゼッカー（ハイゼンベルク配下の気心が知れた物理学者。弟はのちにドイツ大統領になりました）は四万マルクという（戦前の）大学の予算としてなら十分だと思える程度の金額を口にしました。それは軍需大臣からすれば、ばかばかしいほど少ない金額だったので、（こうした研究者のうぶというか、ばか正直さ加減に驚いて）、ミルヒとシュペーアは顔を見合わせて思わず頭を振ったと、あとでミルヒは語っていました。

このようなやり取りが続き、ハイゼンベルクは原爆の製造が理論的には可能だと認めましたが、それ以上に色よい返事はとうとう彼の口からはまったく出ませんでした。彼もこの会議がいかなる意味を持つか、原爆開発の最後のチャンスであることはわかっていたはずです。しかし、彼の返答はすべて間違ってはいませんでしたが、推進派が期待するような言葉はまったく入っていませんでした。

いずれにしても、この会議のあと、ハイゼンベルクは「政府は一九四二年六月に原子炉計画の研究を継続する必要はあるが、無理のない範囲にとどめるとの決定を下しました。原爆を製造せよとの命令はなかったし、我々がこの決定に修正を求める理由もなかった」と淡々と書いていました。たぶん、ハイゼンベルクが内心必死で望んでいた結論どおりになったのでしょう。実際、シュペーアはこの会議以降、原爆開発の可能性など一顧だにしませんでした。つまり、ドイツでは原爆開発は国家プロジェクトに昇格する唯一の機会を失ったのです。その時期は一九四二年六月で、ほぼマンハッタン計画が発足した時期と同じでした。

基礎研究段階にとどまったドイツの原爆開発

ドイツの核分裂研究はその後、終戦まで基礎研究の段階にとどまっていました。

一九四五年にナチス・ドイツが降伏した後で組織された連合軍の秘密機関『アルゾス特殊部隊』は、ドイツ人原子力科学者を突きとめ拘束するとともに、ナチスの原子爆弾製造プロジェクトに関する文書を可能な限り収集しました。その特殊部隊はハイガーロッホのナチスの原子炉を発見して備品を押収し、ドイツ南部の田園邸宅に隠れていたハイゼンベルクと、原子爆弾製造プロジェクトに関わっていたその他の九人の科学者たちを逮捕しました。

これらの調査結果を総合すると、ドイツ人科学者たちは連鎖反応を理解し、ウランのどの同位体を用いればよいかを正確に知っていたし、それを分離する方法もすでに開発していました。原子炉における核反応の減速材として重水を使えばよいことも知っていましたし、事実、ハイガーロッホに原子炉を建設してもいました。原子炉の中でウラン二三八が中性子を捕獲してウラン二三九になり、それが崩壊して生成される物質（プルトニウム）がウラン二三五の代わりに爆弾に使用できることも知っていました。

つまり、ほとんど知っていたのです。彼らと原子爆弾の間に立ちはだかっていたのは、時間と予算と人的資源でした。それもできたかもしれませんが、前述しましたようにハイゼンベルクの煮え切らない態度でヒトラーに計画が上がらなかったのです。ハイゼンベルクについては、ドイツ国内からも欧米からもいろいろ言われましたが、彼は真意をとうとう述べませんでした。

「原爆はこの戦争には間に合わない」と伝えたハイゼンベルク

ハイゼンベルクは、これより前に奇妙な行動をしていました。一九四一年九月一五日、ベルリンから列車でコペンハーゲンに着き、ドイツ占領下のデンマークにいた（亡命する前の）ニールス・ボーアを訪ねました。この会見で、ハイゼンベルクは、「科学者たちが技術的にも財政的にも困難だと言うので、原爆はこの戦争には間に合わない」と伝え、あるメモを手渡しました。ボーアはそのメモをアメリカのハンス・ベーテに渡しました。

ベーテによりますと、それは稚拙な原子炉の絵でした。ハンス・ベーテはハイゼンベルクもドイツの原子力技術もこの程度だった（低かった）と言い続けましたが、戦後、このようなことから、ハイゼンベルクは、原爆開発を意図的に遅延させた、もしくはアメリカに情報をもらしたとの（ドイツはこの程度だと、だからアメリカもやめろと）疑いもあるとも言われましたが、その真意についても、彼はとうとう語りませんでした。

ただ、彼は最初からドイツは早く敗れることを確信していたこと、核研究はまったく意味がないと言えば、彼の多くの後輩研究者が無用の長物として戦場に送られる恐れがあったこと、逆に積極的に協力すればひょっとするとひょっとする恐れがあり、望ましきは（長くは続かないはずの）ヒトラー時代をドイツ物理学界を何とか温存しつつ、やりすごしたいと思っていた（そのためにドイツにとどまった）と言われています。戦後になっても内外に多くの関係者（それは原爆開発推進、反対の両方）が生きていたので彼はいっさい発言しなかったのだとも言われました。

《四》日本への原爆投下

原爆投下の鍵を握るトルーマン大統領

後世の人々にとって不幸なことは、原爆開発の経緯とソ連を加えた国際管理の必要性を熟知していた（決断をしてはいませんでしたが）ルーズベルトが死去したことでした。

原爆完成の三ヶ月前の一九四五年四月一二日に副大統領だったトルーマンが大統領に昇格しました。トルーマンは大統領になった四月の時点で原子爆弾の完成予定を知り、原爆投下の最終判断はアメリカの最終意思決定者であるトルーマン大統領の頭脳にかかってきました（トルーマンは副大統領のとき、あまり重要な事項にタッチしていませんでした）。

四月二五日、原爆開発の実質上の責任者であったスティムソン陸軍長官はトルーマンと会見しました。スティムソンは原爆についてルーズベルトから何も知らされていなかった大統領に、原爆に関する主要な問題、特に米ソ関係において原爆の持つ意味を知らせるために覚書を用意しました。

その覚書にスティムソンは次のように書いていました。

① 四ヶ月以内に我々は、人類史上もっとも恐るべき兵器の開発を完了する。これはほぼ既定の事実であり、この爆弾は、一発で一つの都市全体を破壊することができる。

② この兵器はイギリスとの共同開発であるとはいえ、アメリカは、現時点においては、その製造と使用に必要とされる物理学的な情報を独占しており、ここ数年間はいかなる国といえどもこの地点に到達することはできない。

③ しかしながら、我々がこうした独占的な状況を維持することは、事実上、まったく不可能である。

四月二五日のトルーマン大統領に対するはじめての説明では、スティムソンは、原爆を日本に対して使用することがはたして賢明な政策であるかどうかという疑問は提起してはいませんでした。しかし、原爆の問題も含めて「戦後における原子力の研究、開発、管理及びこれらを実施するために必要な立法措置に関する調査と政策提言を行う」ための特別委員会の設置を準備中であり、議会に諮らず、行政府が秘密裡に原爆を開発してきたことについて議会の権限を侵していない形をとるために、その委員会を「暫定委員会」と呼ぶことにするとも話しました。

この会合にはグローヴス准将（少将に昇格しましたが以下そのままとします）も同席していて、彼は「大統領は、陸軍長官のそうした説明については、それを細かく知っておく必要はないと判断し、秘書にメモをとらせようとはしなかった。もっとも重要な論題となったのは、外国との関係、とりわけソ連の動向だった。大統領は、プロジェクトに投入されている資金にはまったく関心を示さなかったのだが、プロジェクトそのものの必要性についてはまったく同意見である旨を言明した」と記録を残していました。

核兵器の国際的な管理体制を提唱したフランクレポート

ルーズベルトの死によって、今度はトルーマン大統領を目指して、再び科学者たちの原爆投下阻止の動きがありました。

一九四五年六月一一日には、シカゴ大学のジェイムス・フランクが、マンハッタン計画の一端を担ったシカゴ大学の冶金研究所のグレン・シーボーグ、レオ・シラードなど七人の科学者と連名で以下のような報告書「フランクレポート」を大統領諮問委員会である暫定委員会に提出しました。

「核爆弾は、この国が独占権を持つ『秘密兵器』としては、おそらく数年以上にわたっては存在できないであろう。その構造の基礎となる科学的事実は他国の科学者にもよく知られている。核爆発物の有効な国際管理制度が確立しなければ、つまり、事前に国際管理制度を作っておかなければ、我々が核兵器を持っていることが世界に知られるや否や、核軍拡競争が確実に起こるだろう。他の諸国は一〇年以内に核兵器を所有するであろうし、一トンよりも軽いその兵器の一つひとつが五平方マイル以上の市街地を破壊できるであろう。そのような軍拡競争がもたらすであろう戦争においては、人口と工業が比較的少数の大都市圏に集中している合衆国は、それらが広範に分布している国（つまり、ソ連）に比べて不利であろう。

　ソ連に原爆の情報を与えず、国際管理にも加えずに原爆を実戦使用するなら、ソ連はそれを脅しとみなし、国際管理だけではなくあらゆる交渉において頑《かたく》なな態度を取ってくるだろう。だから戦後の平和のためにも日本に使用してはならない。それに、原爆を実戦使用してしまったあとで原爆の開発を制限しようとしても説得力がなく、どの国も従わないことになる。

　我々は、このような理由から、早期に無警告で日本に対して核爆弾を使用することは勧められないと考える。もしアメリカ合衆国がこの無差別破壊の手段を人類に対して最初に使用するならば、合衆国は世界中で大衆の支持を犠牲にし、軍拡競争を加速させ、このような兵器を将来においてコントロールするための国際的合意に到達する可能性を傷つけるであろう。

したがって、一方的に秘密裡に実験するとか日本に使用するのではなく、それに代わって、砂漠か無人島でその威力を各国にデモンストレーションすることにより戦争終結の目的が果たせる。まず、核兵器の国際的な管理体制を作り上げることが肝要である」という報告書をまとめました。

この報告は、陸軍長官のスティムソンが設置した原爆使用について大統領が諮問する専門委員会の科学顧問会（後述します。オッペンハイマーたち）に提出されましたが提議は拒絶されました。

さらにシラードは、一九四五年七月一七日にも倫理的観点から日本への原爆使用に反対する大統領への請願書を独自に起草し、冶金研究所の科学者に回覧して七〇人の署名を集めました。しかしこの請願書は大統領がポツダム会談で海外にいることなどを口実にグローヴスに差し止められ、八月六日前にトルーマン大統領に届くことはありませんでした。

はじめてヤルタ会談の内容を知った大統領

さて就任したばかりのトルーマン大統領は、大統領になって初めて一九四五年二月のヤルタ会談の内容も詳しく知りました。そのヤルタ協定では、

①ドイツ降伏後九〇日以内にソ連が日本との戦争に参戦すること
②モンゴルの現状は維持されること
③樺太（サハリン）南部をソ連に返還すること
④千島列島をソ連に引き渡すこと
⑤満州の港湾と鉄道におけるソ連の権益確保

などが決められました。

③の日露戦争で日本が獲得したサハリン南部を返還するのは当然ですが、④はルーズベルトの譲歩のしすぎと言われても仕方がないことでした。千島列島は、一八七五年の樺太・千島交換条約で、樺太での日本の権益を放棄する代わりに、得撫島（ウルップ島）以北の千島一八島をロシアが日本に譲渡しました。これはお互い納得の上での条約でした。つまり、その上に千島列島をソ連に引き渡すことは、参戦の代償ということになり、ルーズベルトの信念に反するものでした（大西洋憲章の第一項目の領土不拡大に反します）。

そこ（千島列島を引き渡すこと）までして、スターリンに対日参戦を促したのは、スターリンに必要以上に譲歩したともとられています。⑤もルーズベルトの譲歩のしすぎで、これはのちに中国が問題としました。

トルーマンは大統領になったとき、当時、これはソ連に譲歩しすぎだと、ルーズベルトに対する批判があることも知っていました。のちの北方領土問題まで書いたのは、ソ連の対日参戦問題と原爆投下問題はトルーマンの頭脳の中で微妙に絡んでいたと考えられるからです。

暫定委員会の結論は原爆の無警告投下

そして、一九四五年五月三日、暫定委員会の八人の正式委員が決まりました。委員長はスティムソン陸軍長官、委員長代理ジョージ・ハリソン特別補佐官、ラルフ・バード海軍次官、ウイリアム・クレイトン国務次官補、科学行政官のバーネバー・ブッシュとジェームス・コナント、カール・コンプトンＭＩＴ学長、国務長官予定者のジェームズ・バーンズが選ばれました。委員会の下に置く科学顧問団に、ロバート・オッペンハイマー、アーネスト・ローレンス、アーサー・コンプトン、エンリコ・フェルミの四人が選ばれました。

暫定委員会の最初の会合は、一九四五年五月九日に行われましたが、実質的に決定を行ったのは、五月三一日の会合で次のような議論が行われました。原爆で軍事目標を破壊することはこれまでの通常の爆撃と効果に違いがないという指摘を受けて（このような指摘が出るところをみると、八人の委員ですら原爆がよくわかっていなかったようです）、オッペンハイマーは、原爆は破壊だけでなく高く立ち上る火球の視覚的効果と中性子線が生物に与える効果が大きいことを強調しました。こうした原爆の効果に関する議論を踏まえ、委員会では「可能な限り多くの住民に、深い心理的印象を与えることを模索すべき」であると合意されました。

また暫定委員会では、日本には事前の警告を与えるべきでないことも合意されました。バーンズは戦後、その理由について、事前に警告を行えば意図的に運ばれた捕虜が犠牲になるかもしれないことや、爆発が失敗に終わるかもしれなかったことを挙げていました。

産業界の代表を招いた六月一日の暫定委員会では、午後になってスティムソンが席を外しましたが（大統領に呼ばれホワイトハウスに行きました）、前日の合意は踏襲され、バーンズの提言によりこの問題に関する委員会の最終決定ともいえる結論が出されました。

バーンズは、次のように陸軍大臣が勧告すべきであると提言し、委員会はこれに合意しました。「爆弾は可能な限り迅速に日本に対して使用されるべきであり、日本にいかなる警告も与えることができない。民間人の居住区を目標の中心にすることはできない。だが、できるだけ多くの住民に深い心理的印象を与えるようにしなければならない。最も望ましい目標は多くの労働者が働いていて労働者の住宅が近くにある重要軍需工場である」つまり、無警告で工業都市に投下するという結論になってしまいました（トルーマンがバーンズを通じてこの結論に主導したと考えられています）。

バーンズは会議が終了すると、その足でトルーマン大統領に委員会の結論を伝えました。バーンズは「委員会調査や代替案の検討について知らされ、何日もの間、この問題を真剣に検討し続けてきた」とし、大統領は「代替案が考えられず、委員会が勧告してきたことと自分が同じ考えであると分かったことに不本意ながらも同意せねばならない」と応じたと記していました。

一方、五日後に正式に報告に赴いたスティムソン（スティムソンが委員長でした）は、大統領が「バーンズは成し遂げられたことに大いに満足しているように見えた」と述べたと記録していました。そして暫定委員会の議事録が、スティムソンが委員会の意見としてこの結論を得たかのように記述されていましたが、スティムソンは（当日の日記によれば）、海軍次官のバードとともに大統領に呼ばれ委員会を途中退席してホワイトハウスに行っていて、肝心の暫定委員会の結論を出すときにいなかったので、彼はこの結論に不満を持ったようでした。

原爆投下に反対だった国務省

スティムソンはこの決定に不満で、こののち国務長官代理ジョセフ・グルーが五月頃から起こしていた動きに加担し始めました。グルーはルーズベルトがスターリンと結んだ極東秘密（ヤルタ密約）がソ連の東アジア進出につながることを危惧していて、ソ連の参戦前に日本を降伏に導くことで、この密約を空文化させることを目指していました。

日本が早期に降伏すれば、原爆投下も避けられる――スティムソンは、これが暫定委員会の決定を無効化する有力な代替案と考えるようになりました。

この頃、沖縄戦の最終段階でした。六月一二日に九州上陸作戦が議論され、これが実行されれば、試算ではアメリカ側におよそ六万人の死傷者が出ることが指摘されました。スティムソンは、陸軍省や海軍省の幹部たちとともに、この犠牲を避けるため、無条件降伏原則を変え、条件を提示して日本を早期に降伏に導くことを大統領に直訴しました。

軍人たちの圧力を受けてトルーマンは「ではその条件をとりまとめバーンズ（まだ国務長官に就任する前でした）のところに持っていくように」とスティムソンの副官ジョン・マクロイに命じ、その場をおさめました。翌日マクロイが皇室維持条項を中心とする降伏案を持っていくとバーンズは「この条件はアメリカ側の弱腰ととられるので受け入れることはできない」と却下しました。つまり、トルーマンはバーンズに話を振って、彼に拒絶させたのです。官僚たちは大統領とバーンズの間でうまくコントロールされていました。

それでもなおスティムソンは、降伏条件を強い「警告」と置き換えて、七月三日、ポツダム会議に向かおうとしているトルーマンに「このような政府が二度と侵略を希求しないと世界が完全に納得するならば現皇室のもとでの立憲君主主義を含めてもよい」（第一三条）という文言が入った「警告」案を渡しました。これも後述しますように、大統領に代わって返答したバーンズによって阻止されてしまいました。

しかし、日本の敗戦が決定的となり、アメリカ国務省内では、戦後日本との関係に悪影響、特に経済的関係に悪影響を及ぼすことになるとして、日本への原子爆弾使用に反対、その後も軍トップも巻き込み戦争を早期終結させるための最終的な取り組みをしていました（この国務省の根回しで軍トップはほとんど日本への原爆投下には反対でした）。戦後直ちに日本を取り込み、自由主義経済国家としてソ連（共産主義）の南下を防ぐ、そのため、最初のポツダム宣言草稿には、日本側がポツダム宣言を受諾しやすいように、降伏条件に天皇制護持を盛り込ませていました。

原爆投下を既定路線としていた原爆開発の米軍官僚

このような国務省の動きに対し、原爆を開発した米軍官僚は原爆投下を既定路線として、その威力を最大限発揮できるよう行動していたことが最近わかりました。

原爆開発の実際の最高責任者であったグローヴスが死の直前の一九七〇年四月に原爆開発の実態について語ったインタビューテープがコロラド州・コロラドスプリングスにあるアメリカ空軍士官学校図書館の書庫から見つかりました。軍が正確な歴史を記録として残そうとしたものでした。

それによりますと、グローヴスは、投下の二年以上前から、どこに原爆を落とすかについて、すでに会議をしていて、その議事録が残されていました。

トルーマンが大統領に就任する少なくとも五ヶ月も前からグローヴスは、原爆投下のスケジュールを立てていて「最初の原爆は七月に準備、もう一つは八月一日頃に準備、一九四五年の暮れまでに、さらに一七発作る」というもので、グローヴスは原爆の大量投下も計画していました。

ここでグローヴスが想像もしていなかったことに、ルーズベルトが死去しました。就任した当時のトルーマンの様子をグローヴスは、「トルーマンは原爆計画について何も知らず大統領になった。そんな人が原爆投下を判断する恐ろしい立場に立たされた」と言っていました。

そして四月二五日にスティムソンとともにホワイトハウスでトルーマン大統領に原爆計画の進捗状況について初めて説明したのは、計画の続行を承認してもらう必要があったからです。計画の目的、原爆の材料・仕組み、実施計画などが簡潔に書かれた二四ページの報告書を持参したものの、トルーマンは、「報告書を読むのは嫌いだ」と言い、このとき、グローヴスは、計画続行が承認されたと解釈したと語っていました。「原爆に関してトルーマンは、そりに乗った少年のようにただ滑り落ちていくだけだった」、「トルーマンが大統領に就任する前に既に原爆投下に向け多くの準備が整っていました。一方でトルーマンには原爆の知識はほとんどありませんでした」と述べていました。

目標都市として京都にこだわったグローヴス

そんな中、グローヴスがトルーマンのもとを訪れた二日後の一九四五年四月二七日にグローヴスは、原爆を日本のどこに投下するか話し合う目標検討委員会に出席し、話し合いの結果、川崎、横浜、東京湾、名古屋、京都、大阪、神戸、広島、呉、山口、下関、小倉、八幡、福岡、佐世保、長崎、熊本の一七ヶ所が選ばれました（一九四五年の暮れまでに、さらに一七発作るというのと符合します）。

その中で、京都と広島が有力候補に上がり、グローヴスは京都を上げました。その理由についてグローヴスは、「京都は外せなかった。最初の原爆は破壊効果が隅々に行き渡る都市に落としたかった」と語っていました。

その三日後グローヴスは、陸軍長官のスティムソンに呼び出され、「京都は認めない」と言われました。その訳は、イェール大学の図書館に保管されていますスティムソンの一九四五年六月六日付の日記に「この戦争を遂行するにあたって気がかりなことがある。アメリカがヒトラーを凌《しの》ぐ残虐行為をしたという汚名を着せられはしないかということだ」と記していました。実はスティムソンは京都を二度訪ねたことがあり、京都をよく知っていました。グローヴスは、諦めることなく何回もスティムソンと交渉をしましたが、結果は同じでした。

グローヴスは何とか、戦争が終わる前に原爆を使用しなければならないと考えていましたが、その理由について彼は、「莫大な国家予算（二二億ドル）を費やした原爆が完成しているのに使わなければ、議会で厳しい追及を受けることになる」とその責任者として効果を証明しなければならなかったと言っていました。

トリニティ実験の五日後の七月二一日、ポッダムのスティムソンのもとに緊急の電報が届き、グローヴスらが再び京都を目標とするように言ってきたと知らせてきました。

スティムソンの七月二四日付の日記には「私は京都を目標から外すべきだと大統領に伝えた。もし一般市民が暮らす京都に原爆を落とすという理不尽な行為をすれば、戦後の和解の芽をつみ、日本が反米国家になってしまうと。すると大統領は『全く同感だ』と答えた」と記されていました。

また、トルーマンの七月二五日付の日記にも「この兵器は七月二五日から八月の間に使われようとしている。私はスティムソンに兵士や軍事物のみを目標とし、一般市民、特に女性や子供をターゲットにすることがないようにと言っておいた。……この点で私とスティムソンは完全に一致している。目標は軍事基地のみに限られる」と記されていました。

しかし、グローヴスは、それでも原爆による最大の破壊効果を得たいがためにもう一つの有力候補に上がっていた広島に目をつけ、広島は軍事都市であると偽りの報告書をトルーマンに提出しました。トルーマンは（スティムソンも）広島について詳しく知らなかったのか、調べる暇がなかったのか、トルーマンが目標から広島を外すことはなかったようです。軍部官僚の執念深さが表れています。

原爆投下実験

一九四五年七月一六日にニューメキシコ州ソコロの南東四八キロメートルの地点で人類最初の核実験（トリニティ実験）が行われました。高さ二〇メートルの鋼鉄製の爆発実験塔に爆縮型プルトニウム原子爆弾のガゼットが設置されました。最上級の研究者や軍人たちのほとんどは実験塔から一六キロメートル南西に設けられたベースキャンプから実験を見守りました。その他の多くの見物人は三二キロメートル離れた位置にいました。

現地時間（アメリカ山岳部戦時標準時）の七月一六日五時二九分四五秒に爆弾は爆発し、TNT換算で約一九キロトンのエネルギーを放出しました。爆発の瞬間、実験場を取り囲む山々は一秒から二秒の間、昼間よりも明るく照らされ、爆発の熱はベースキャンプの位置でもオーブンと同じくらいの温度に感じられた、と報告されています。

観察された爆発の光の色は紫から緑、そして最後には白色へと変わりました。衝撃波による大音響が観察者のもとに届くまでには四〇秒かかりました。爆発の衝撃波は一六〇キロメートル離れた地点でも感じることができ、キノコ雲は高度一二キロメートルに達しました。放射能を含んだ雲は高レベルの放射線を放射しながら北東へ約一六〇キロメートル移動しました。

この核実験をもって「核の時代」の幕開けとなりました。この爆発で砂漠の爆心地には放射能を帯びたガラス質の石からなる深さ三メートル、直径三三〇メートルのクレーターが残されました。

原爆実験の結果は、ただちにドイツのポツダム会談に臨んでいるトルーマン大統領に知らされました。この情報を考慮して、原爆投下の最終決定はポツダムで決定されることになりました。

ポツダムでの原爆投下決定

ポツダム会談は、ナチス・ドイツ降伏後の一九四五年七月一七日～八月二日、ベルリン郊外のポツダムに、アメリカ（トルーマン）、イギリス（チャーチル）、ソ連（スターリン）の三ヶ国の首脳が集まり、第二次世界大戦の戦後処理と日本の終戦について話し合った会談でした。

ポツダム入りした米陸海空軍参謀本部は、ポツダム首脳会談の前に合同会議を持ち、「ソ連が参戦する予定であることと、天皇制存続を認めれば、日本の降伏は今日にでもありうる。日本はすでに壊滅状態で、原爆を使う必要はなく、警告すれば十分」との結論を出しました。しかし、トルーマンはそれを聞き流しただけでした。

トルーマンは、七月一七日にソ連のスターリンと事前打ち合わせをした際、かねてより頼んでいた通り、ソ連が八月一五日に対日参戦することを確認し（当初は八月一五日が参戦予定日でした）、スターリンに感謝を述べました。

ポツダム会談のためにトルーマン大統領に随行してきていたスティムソン陸軍長官のもとに、七月一六日のニューメキシコ州での原爆実験の成功の知らせが入りました。彼は早速大統領に報告しました。

決して降伏しない日本人にショックを与えてやる

トルーマン大統領はポツダムに来ているバーンズ国務長官、スティムソン陸軍長官、マーシャル（参謀総長）やハップ・アーノルド（アメリカ陸軍航空司令官）を含む統合参謀たちと協議しました。

アーノルドはずっと、通常の戦略爆撃だけで日本を降伏させられると言い続けていました。彼は空襲が専門のルメイに見積もらせて一〇月一日までに日本の戦争機構をすっかり破壊できると計算していました（現実、五月から八月の間にルメイは日本の五八都市を破壊していました）。

しかし、マーシャルは空軍の査定に同意しませんでした。マーシャルは、「空軍力のみでは日本に戦争をやめさせるには十分ではない。それのみではドイツに戦争をやめさせることはできなかった」とポツダムでの彼の論拠を戦後、次のように述べています。

「我々は沖縄で苦しい経験をしたばかりだった。八二日間にわたる戦闘でアメリカ軍は一万二五〇〇人以上の死者および行方不明者を出し、日本側は一〇万人以上の死者を出した。これに先立ち、オーストラリアの北の太平洋諸島で同様なことが数多く起きていた。いずれの場合も日本人は決して降伏せず、死ぬまで戦うことを示していた。……できればショックを与えてやることが本当に必要と思われた……我々は戦争を終わらせなければならなかったし、アメリカ人の生命を救わなければならなかった」と。

トルーマン大統領は自分の意見をすでに持っていて、マーシャルの判断と同意見でした。彼は原爆実験の成功を聞くや、自分の日記に「ロシア参入の前にジャップスはつぶれるものと確信する。マンハッタンがやつらの本土の上に出現するとき、そうなるはずだ」と記していました。

ポツダム宣言をいつ発表するかは、今や、本質的には、最初の原子爆弾がいつ落とせるかという問題となりました。スティムソンが原爆がいつ使用可能になるのか問い合わせたところ、七月二三日に「八月一日以降いつでも可能になろう」という回答が来ました。これをスティムソンは七月二四日の朝、トルーマンに報告しました。大統領は満足して、ポツダム宣言を発表する好機を見計らうのにそれを使おうと言いました。

陸軍長官は、その瞬間を利用して、再びトルーマンに、日本人がどうしても天皇制の温存を降伏の条件にしたいと言うのなら、ひそかにそれを保証してやることを考慮してはどうかと訴えてみました。大統領は熟慮して、何も断定的なことは言いませんでしたが、そのことも心にとどめてことを進めようと言いました（多分、トルーマンはいろいろ考えたようです。それを入れると日本はポツダム宣言をすぐ受諾するかもしれない、そうすれば原爆を使うこともなくなる。もちろん、ソ連参戦もなくなる。しかし、それでいいのか……と）。

スティムソンは立ち去り、バーンズがトルーマンとの（七月二四日の）昼食に加わりました。彼らは、どうやってスターリンに原子爆弾のことを最小限におさえて話をしたものか協議しました。バーンズはスターリンが新兵器の威力を十分に理解すれば、即刻ソ連軍に突進を命じるのではないかとトルーマンに言いました。

その日（七月二四日）の会議が終わったときに、トルーマンは通訳を後に残して、会議テーブルを回って、ソ連首相のそばに近寄りました。トルーマンは「私はスターリンに、我々は並々ならぬ破壊力の新兵器を手にしていると、さりげなく言ってやった。ロシアの首相は何ら特別な興味を示さなかった。彼はそれを聞いて『うれしい、日本に対してそれを上手に使うことを望む』と言うだけだった」と後で語っていました。

原爆完成を知って対日参戦を早めたスターリン

スターリンは原爆のことは、諜報員からの情報で、すべて知っていました。それどころか、スターリンはすでに一九四三年に原爆開発指令を出していました。したがって、スターリンは原爆の威力はよく知っていて（トルーマンより以前から、しかもその本質を知っていたのでしょう）、トルーマンに故意に無関心な表情をよそおったのでしょう。そして多分、その日のうちにも対日参戦の日時を一刻でも早めろとモスクワへ指令を出したのでしょう（これがソ連参戦を早め、トルーマンの思惑が狂うことになりました）。

なお、この七月二四日には、時間はわかりませんが、トルーマンはチャーチルとも会って日本に原爆を投下することを協議しました。イギリス国立公文書館所蔵ファイル（PREMIER3/139/9）によりますと、チャーチルはハイドパーク協定の写しをポツダムまで送らせていました。その場で、チャーチルはハイドパーク協定をもとに、トルーマンと原爆投下を協議したようですが、ハイドパーク協定には、「しかし、原爆が完成した暁には、熟慮ののち、おそらく日本に対して使用される。その際、日本に対して、降伏するまでこのような爆弾による攻撃が繰り返される旨の事前の警告を与えるべきである」となっていましたが、結局、それは守られませんでした。

その日（七月二四日）の午後、ワシントンではグローヴスが原爆使用の歴史的な令達を立案してポツダムに送ってきました（官僚組織は着々と既定方針通り、原爆投下の事務手続きを進めてきたのです）。マーシャルとスティムソンは、その令達をポツダムで承認し、二五日にトルーマンに上げたようです。命令書に八月三日以降速やかに実行せよとトルーマンがペンで書いていました。

七月二五日、この命令書は陸軍参謀総長代理のトマス・ハディーから、テニアン島の実戦部隊に伝えられました。ついに原爆投下の手続きはすべて取られました。

スティムソンの日記によれば、彼はバーンズから次のように告げられたと記しています。「それ（皇室維持条項）を（警告に）入れたくない、もう蒋介石に送ってしまったのだから変えることはできない」と。つまり、トルーマンは「警告」から皇室維持条項を削り（原案はグルーらが作ったのですから入っていたはずです）、それに蒋介石の承認を得てしまったというのでした。もはやスティムソンは皇室維持条項なしの「警告」（ポツダム宣言）で日本がポツダム宣言をすぐに受諾することを祈るしかありませんでした。

トルーマンは原爆の本質を知らなかった

トルーマンは私的な日記の中で、原爆について記しています。「我々は世界史上で最も恐ろしい爆弾を発明した。それは、伝説のノアの箱舟のあと、ユーフラテス文明の時代に予言された、火の破壊なのかもしれない。とにかく我々は、原子の分裂を起こす方法を見つけた。ニューメキシコの砂漠での実験は、話半分としても驚嘆に値する……。この兵器は日本に対して今から八月一〇日までの間に使われるはずだ（トルーマンはソ連参戦は八月一五日だと思っていました）。私は陸軍長官のスティムソン氏に、軍事施設と兵士と水兵が目標だが、女子供が目標になることのないようにと言った。たとえジャップスが野蛮で無礼で無慈悲で狂信的であろうとも、我々は世界のリーダーとして、共通の幸福のために、この恐ろしい爆弾を古都や今の首都に落とすことはできない。彼（スティムソン）と私は一致している。目標は純粋に軍事的なものとし、ジャップスには命を大切にして降伏するよう警告文を出そう。彼らは降伏しないだろうが、チャンスは与えたことになろう。この原子爆弾をヒトラーやスターリンの仲間が発明しなかったのは、世界にとってよいことだったのは確かだ。それは、これまでに発明されたもののなかで最も恐ろしいもののようだが、最も有益なものにすることもできる」と。

　結局、トルーマンは原爆を大規模な爆弾としか認識していなかったのでしょう（軍事施設と兵士と水兵が目標だと言っているところをみるとそのようなイメージしか想像していなかったのでしょう）。原子核の核分裂によって起こる原理的に従来のものと異なる、とてつもない大規模な爆発ということは何度も聞いていたのでしょうが、それが一体何を意味するか、本当に理解していたとは思われません（それはボーアなどの科学者、マンハッタン計画にたずさわった一部の科学者、あるいは原爆実験を目撃した者にしか分かっていなかったかもしれません）。

ポツダム宣言

七月二六日には、全日本軍の無条件降伏と、戦後処理に関するポツダム宣言が発表されました。宣言は、冒頭第一条にて、日本国に対し戦争を終結する機会を与えるとし、末尾第一三条に於いて、これ（無条件降伏）以外の選択は、迅速且つ完全なる壊滅あるのみと宣言していました。

その中で、日本を世界征服へと導いた勢力の除去（軍国主義の一掃）、日本国領域内諸地点の占領、日本国の主権は本州、北海道、九州及び四国並びに我々の決定する諸小島に限られなければならないこと（日本本土以外の領土の放棄）、日本人を民族として奴隷化しまた日本国民を滅亡させようとするものではないこと、いっさいの戦争犯罪人の処罰、民主主義的傾向の復活・強化、言論、宗教及び思想の自由並びに基本的人権の尊重が確立されること（民主化、非軍事化、戦犯の処罰）、日本国民の自由に表明せる意思による平和的傾向の責任ある政府の樹立、全日本軍の無条件降伏（第一三条）、以上の目的が達成されるまでの連合国の日本占領などが明記されていました。

広島、長崎への原爆投下

ポツダム宣言に対する日本国政府の対応は、無条件降伏とされ、いわゆる国体護持（天皇制の維持）について言及されていなかったことから、宣言の受諾をするにしても、その点に関する確保を求める意見を中心に、政府の内部で激しい議論が起こりました。また、ソ連政府の和平仲介の返事を待つ必要もあり、結局、ポツダム宣言の黙殺を決めました。

日本国政府は、七月二七日にポツダム宣言の存在を論評なしに公表し、二八日、鈴木首相は記者会見し「共同声明はカイロ会談の焼直しと思う、政府としては重大な価値あるものとは認めず『黙殺』、断固戦争完遂に邁進する」と述べ、翌日の新聞で「政府は黙殺」などと報道されました。

このため、原爆投下命令はそのまま継続され、八月六日に一発目の爆弾「リトルボーイ」は日本の広島に投下されました。

六日深夜（アメリカ東部標準時、日本時間七日未明）、ホワイト・ハウスにてトルーマン大統領の名前で次のような内容の声明が発表されました。

「一六時間前、アメリカの飛行機が日本軍の最重要陸軍基地・広島に一発の爆弾を投下した。この爆弾の威力はＴＮＴ二万トンを上回るものである。これまでの戦争の歴史において使用された最大の爆弾、イギリスのグランドスラム爆弾と比べても、二〇〇〇倍の破壊力がある。……つまり原子爆弾である。ポツダムで七月二六日に最後通告が出されたのは、日本国民を完全な破壊から救うためであった。日本の指導者たちは、この最後通告を即刻拒否した。もし彼らがアメリカの出している条件を受け入れないならば、これまで地球上に一度も実現したことのないような破壊の雨が降りかかるものと思わねばならない」

一刻も早い降伏が必要でしたが、アメリカはすでにもう一発の原爆投下の指令も出していました。八月九日に長崎に投下された二発目の爆弾「ファットマン」は、トリニティ実験でテストされたのと同じタイプのプルトニウム爆弾でした。広島と長崎との原爆投下で合わせると、その年だけで二一万人が死亡し、その後の放射能汚染などで長い間死亡者を出し続けました。

ソ連は、前述のヤルタ会談での密約をもとに、締結後五年間有効の日ソ中立条約を破棄し（ソ連は条約の不延長・破棄を直前に通告して来ていましたが、条約上、一九四六年四月まで有効でした）、八月八日、対日宣戦布告し、翌九日、満州国へ侵攻を開始しました。当時、満洲国駐留の日本の関東軍は、主力を南方へ派遣し、弱体化していたため総崩れとなり、組織的な抵抗もできずに敗退しました。

日本は、八月九日から一〇日未明の御前会議で天皇の聖断でポツダム宣言を受諾しましたが、再び軍部が「国体の護持」を言い出しました。八月一四日午前一〇時に天皇の命令で改めて二度目の御前会議が開かれ、ここでも参謀総長、軍令部長、陸軍大臣が徹底抗戦を主張しましたが、正午頃、天皇が「先方の回答は悪意をもって書かれたものとは思えない。この際先方の回答をそのまま受諾してよいと考える」と二度目の聖断でポツダム宣言の最終的な受諾を決定し、詔勅が発せられました。

国民に対しては、八月一五日正午の昭和天皇による玉音放送をもってポツダム宣言受諾を表明し、日本は降伏しました。

「まったく心が痛まなかった」トルーマン大統領

アメリカではトルーマンは「戦争を早期終結に導き兵士の命を救った大統領」という評

価が定着していて、トルーマン自身は原爆投下について一九五八年のCBSのインタビューで「まったく心が痛まなかった」と語っていました。

こうしてトルーマン自身は生涯、原爆投下を正当化して見せましたが、この行為はヒトラーによるアウシュヴィッツのユダヤ人大虐殺に匹敵する人類史上最大の犯罪であるという意見もあります。第二次大戦後七五年たっても、あるいは今後もずっと、人類は、核兵器廃絶の目途がつくどころか、核保有国の分散すら起こっています。短期間で人類が絶滅するとしたら、その最大の懸念はこの核兵器による戦争であります。

ともに生きることを学ばなければ、突然の死に直面する

二〇二〇年八月六日に放映されたNHKスペシャル『証言と映像でつづる原爆投下・全記録』によりますと、前述しましたグローヴスの下でナンバー二の地位にあった陸軍トーマス・ファレル准将はマンハッタン計画の初めから終わりまで現場責任者を務めた男でした。彼の指揮の下で広島、長崎への原爆投下、その直後からの現場調査も彼が現場に入って行いましたが（その結果はアメリカ政府によって封印されましたが）、その原爆のすべてを知っている男の手記が最近発見されたそうです。

「原子爆弾は単なる爆弾ではない。激変、大災害、大混乱、そして大惨事である。私は原子爆弾の力とその不吉な脅威を知っている。（中略）私たちはこの大きな武力を託された倫理的な責任がありました。この武力が敵国でなく、わが国（アメリカ）に与えられたことを謙虚に受け止めなければならない（一九四五年八月一四日）。（中略）広島と長崎はこのとてつもなく強力な兵器が我々によってそして我々に対して決して使用されてはならない理由を示す恐ろしい証左である。原子爆弾をコントロールできなければ、そして国々がともに生きることを学ばなければ、以下の言葉がいずれ現実のものとなるであろう（一九四六年一月）。世界の大都市とそこに住む人々は徹底的な破壊と突然の死に直面する」

第二章　第二次世界大戦後の核兵器開発競争

《一》米ソの核開発とキューバ危機

グローバルな戦略に転換したアメリカ

アメリカは第二次世界大戦まで、常備軍の規模は小さく、問題が起きてから戦争準備に入っていました。軍事費も現在の日本と同じようにせいぜいＧＤＰ比で一％でした。

原爆の完成はアメリカの軍事戦略を大きく変貌させました。世界を統治する覇権国家を意識するようになりました。統合参謀本部は、すでに一九四三年一一月時点で、戦後の軍事戦略の要《かなめ》として、一五〇万人程度の兵力の維持と戦略空軍の優位確保のために七二ヶ所もの海外空軍基地の確保を大統領に進言していましたが、原爆完成後の一九四五年八月にミサイルや原爆搭載機の開発、さらにソ連周辺地域での空軍基地確保を提案しました。

このように、戦略爆撃機と原爆の登場は、二つの大洋に守られ、西半球にはアメリカに対抗できる軍事大国が存在しない状況で考えられてきた「孤立主義」的な外交・軍事戦略を一変させ、アメリカをして世界的規模で軍事的優位を確保しようとするグローバルな戦略に転換させていきました。

スティムソンの三ヶ国共同管理案

原爆を長崎に投下して約一ヶ月後の一九四五年九月一一日付で陸軍長官スティムソンはトルーマンに対しておよそ以下のような勧告書を提出しました。

①　ソ連は現在警察国家であるが、この国が民主化するまで原爆についての話し合いを引き延ばすことはできない。

②　多くの関係者は原爆がソ連のヨーロッパ大陸での拡張の抑えになると考えており、そのことをソ連も知っているので、この国はできるだけ短い間に原爆を持とうとしている。

③　ソ連が原爆を持つのに最長で四年かかるか二〇年かかるかではなく、それを手に入れたとき平和を愛する諸国家と協調していくかどうかが問題である。

④　ソ連とアメリカの関係はすべて原爆の問題をどう処理するかにかかっていて、直ちにアプローチを始めなければならない。

⑤　イギリスの同意を得たうえで、兵器としての原爆の開発、製造を止める。そして、アメリカ、イギリス、ソ連がいかなる場合でも戦争の道具として使わないことに同意することを条件にアメリカが現在保有している原爆を三ヶ国の共同管理とする。

⑥　アメリカ、イギリス、ソ連の三ヶ国が将来の原子力の平和利用の恩恵を分かち合う協定を前述の協定に含めることも考慮する。
⑦　将来この協定にフランスと中国（国民政府）も加盟させる。

つまり、原爆の開発と製造を止めたうえで、ソ連に原爆の情報を提供し、国際管理に加えるべきだ、そうすれば、原爆を唯一保有しているアメリカに対するソ連の猜疑心を和らげると同時に、この国を原爆開発へと駆り立てる動機を減少させることができるというのでした。このスティムソンの勧告書は、一九四五年六月一一日に科学者たちが提出した「フランク報告書」、あるいは、一九四四年九月三〇日にブッシュとコナントがルーズベルトに出した回答の趣旨に沿っていました。遅ればせながらスティムソンも原爆の国際管理に考えを変えたようでした。

しかし、トルーマンとバーンズは、七月二八日にはポツダム宣言を拒絶した日本が、長崎への原爆投下のわずか一日後に降伏を申し入れてきたことから、ますます「原爆信仰」に凝り固まり、ソ連も原爆の脅威を与えれば、「扱いやすくなる」と思っていました。

スティムソンが勧告書を提出した九月一一日、バーンズはロンドン外相会議に出かけていきました。出発前の記者会見でバーンズは「自分はどうロシア人を扱えばいいか知っている」と大言壮語していました（「ポケットに原爆を入れている」と言われました）。

バーンズはロンドン会議で二週間にわたっていろいろやってみましたが、ソ連のモロトフ外相にやり込められ、何も決められず、会議を打ち切らざるを得なくなりました。科学者たちが予言していたことが現実になりました。

ワシントン三ヶ国（米英加）会議にも失敗

バーンズは、ソ連とこれらの問題で対峙するには、その前にケベック協定を結んだイギリス、カナダの両国を味方につけておくことが必要だと思い、一九四五年一一月、二ヶ国の首脳をワシントンに招き、合同方針決定委員会（ケベック協定によって設置された委員会）を開き、次のような提言をしました。

① 原爆を用いた戦争は違法とする。
② 原爆およびそのノウハウは、国際連合が管理し、一国が武器として保有できないようにする。
③ もしくは、原爆を廃絶する。

しかし、ケベック協定に定められた原爆および原子力開発に関する成果物とそのノウハウの両国への提供についてはまったく触れていないので、イギリスとカナダの反応は、冷ややかでした。両国としては、協定を守って自国に原爆製造のノウハウを提供したあとで国際管理の話をするのが順序ではないかと思うのは当然でした。しかも、②と③は共有する前に、保有を禁止するのに等しく、これに同意しろというのは無理というものでした。ケベック協定国である米英加は、合意に達することができず共同声明すら出せませんでした。こうしてバーンズは九月のロンドン外相会議に続いて、一一月のワシントン三ヶ国会議でも大失態を演じました。

モスクワ三国外相会議

あせったバーンズは年内に再びソ連と原爆のことで話し合うことを申し入れました。今度はスティムソン案をもとにしながらバーネバー・ブッシュ（科学研究開発局長）の案を少し緩めたものでした。

① 原爆・原子力エネルギーの研究についての科学者の交流と情報交換を行う。
② 原爆の原料の開発とその知識の交換をする。
③ 原子力エネルギーの技術的、工学的知識を交換する。

④　原爆の軍事利用に関する保障措置を決定する。

そして、バーンズはソ連と合意しやすくするために、四つの項目のどれからでも、他の項目とは切り離して合意できるとしました。これに対し、共和党の上院議員で外交問題に詳しいアーサー・ヴァンデンバーグが、これではソ連は都合のいいものだけをつまみ食いすることになる。だから、④を最初に持ってきてこれをクリアしなければ次の三項目のどれも交渉できないようにすべきだと言いました。

トルーマンは、ヴァンデンバーグの考えに同調し、バーンズにそのように指示するとともに、国連に設置される原子力委員会を安全保障委員会の下に置かないで、同理事会から助言を受けるだけにするようバーンズに釘を刺しました。さもなければ、常任理事国であるソ連が拒否権を発動してこの原子力委員会の決定を無効化するからでした。

こうして一九四五年一二月に、アメリカの国務長官バーンズ、ソ連の外務大臣のモロトフ、イギリスの外務大臣アーネスト・ベヴィンによるモスクワ三国外相会議が開催されました。ところが、バーンズは大統領の指示を無視して、ソ連の思惑通り、次の案に合意してしまいました。

①　原子力委員会は報告と勧告を安全保障理事会に提出する。これらの報告と勧告は安全

保障理事会が、そうしないと決定しない限りは公表する。

② 国連憲章のもと国際平和と安全保障を維持する安全保障理事会の重い責任に鑑みて安全保障理事会は安全保障に関わる問題に関して原子力委員会に指令を発することができる（モスクワ会議コミュニケ）。

これでは、ソ連（あるいは他の常任理事国）が原爆開発を始め、国連の原子力委員会がやめるように勧告や決議をしても、ソ連（あるいは他の常任理事国）が拒否権を発動してそれを葬り去ることができてしまいます。つまり原爆の国際管理の安全保障において最も重要な部分に穴が開いてしまったのです。このバーンズの大統領の指示を無視した個人外交は非難され、ついにトルーマンもバーンズを罷免せざるを得なくなりました。こうしてトルーマンと暫定委員会以来二人三脚で原爆政策をリードしてきたバーンズは政権内から姿を消しました。

原爆の独占を図ろうとしたトルーマン政権

こうなったからには、トルーマン自らが陣頭指揮してソ連と国際管理について交渉しなければならないのですが、彼はそうしませんでした。自分もバーンズと同じ轍を踏むことは目に見えていたし、有能な身代わりもいませんでした。そこで彼はマンハッタン計画の責任者レズリー・グローヴス少将の説に乗りました。

グローヴスは科学者と違って、ソ連が原爆を持つのに二〇年から三〇年かかると主張していました。その根拠は米英加によるウラン資源の独占でした（一九四四年九月三〇日のブッシュ、コナントの回答にも原材料ウランは縛《しば》りにならないと明示していました）。グローヴスの試算では、米英加三ヶ国で九七％のウラン鉱石を独占しているので、ソ連は原爆が作れないし、仮に一、二発くらい作ったとしても、アメリカが作る原爆の圧倒的な数の前では問題にならない、したがって、ウラン資源の独占が続く限り、アメリカはソ連の核攻撃を受けることはないというのでした。

トルーマンは大変な労力の必要な国際管理ではなく、このグローヴスの考えるウラン資源の独占による安全保障策を採り、自国および英加を原爆の脅威から守ることにしました。こうすればソ連と交渉せずに安直にできるからでした（結局、能力のない政治家はその場限りの道を選び、問題を先送りするということです。核問題は全人類に関わることで先送りなどできるものではありませんでしたが、その見極めもできなかったのです）。

一九四六年六月の国連原子力委員会にアメリカ代表のバーナード・バルークが、原子力の原料から開発・使用に至るまでを国際機関によって管理し、違反国に対する査察や処罰には国連の拒否権を認めないとする案を提案しました。

これに対して、（すでに一九四三年から原発開発に着手していた）ソ連はこの案が引き続き米英による原爆独占を狙うものと反発しました。しかも、一九四七年秋以降、米ソ間の対立が激化するにつれ、ますます歩み寄りの余地はなくなり、一九四八年五月には何の成果も挙げられぬまま、交渉は事実上終結しました。

ソ連の原爆開発

少し歴史をさかのぼって、ソ連の核開発の状況を見ましょう。

スターリンが原子爆弾の開発命令を出したのは一九四三年でした。内務人民委員部が原子爆弾の実現可能性に関するイギリスの極秘文書を入手したのがきっかけでした。スターリンはソ連の原子力プログラムを開始するように命じ、当時四〇歳とまだ若かった核物理学者クルチャトフ（一九〇三〜六〇年）にこのプロジェクトの科学面での指揮をとらせました。

また、スターリンは原爆開発を国家の最重点に進めるよう命じ、悪名高いベリヤの指揮下において科学者に強いプレッシャーを与え続けました。しかし、ソ連の原子爆弾開発プログラムは当初は遅々として進みませんでした。やがて、スパイのクラウス・フックス（ドイツ生まれの理論物理学者でロスアラモス研究所に勤務していました）などからもたらされた西側での開発状況や一九四五年の広島、長崎の情報も入り、スターリンは一九四八年までに原子爆弾を完成させるようにと命じました。

ソ連の原子爆弾開発プロジェクトはゴーリキー州（現ニジニ・ノヴゴロド州）のサロフで行われましたが、秘密保持のために町は地図から消され、名もアルザマス—16と変えられました（これもマンハッタン計画と同じでした）。一方で科学者は様々な生活上の優遇措置が与えられました。

一九四九年八月二九日、カザフ共和国（当時）のセミパラチンスク核実験場においてソ連最初の核実験（プルトニウム型原子爆弾）が成功しました。この実験は三七メートルの鉄塔に仕掛けた爆縮型プルトニウム原子爆弾の爆発実験で、トリニティ実験で使われたガジェットや長崎市に投下されたファットマンと同型でした（爆縮レンズの情報は、スパイおよびマンハッタン計画に参加した学者たちから提供されました）。ファットマンとは、その形状まで酷似していました。この実験による核出力はＴＮＴ二二キロトンで大きさもほぼ同じでした。

アメリカ側の科学者の予想通り、米英の原爆独占は四年程度しかもちませんでした。加えて、ウラン鉱山の開発によって、アメリカにはおよばないものの多数の原爆を作れることも証明しました。以後、米ソ間では際限のない核軍拡競争が展開されることになりました。その後もセミパラチンスク核実験場は、一九四九年から一九八九年の間に合計四五六回の核実験に使用されました。

水爆の開発・実験

ソ連が原爆実験に成功したため、トルーマン政権は対抗して翌五〇年一月に原爆より一層強力な水爆の開発を決定しました。

水素爆弾では、まず、ウランかプルトニウムを用いた原子爆弾を爆発させ、その莫大なエネルギーで水素の原子核が融合してヘリウムの原子核を形成するときに発生するさらに膨大なエネルギーを利用するように設計されています。

一九五二年一一月一日、アメリカは太平洋のエニウェトク環礁でマイクというコードネームで呼ばれる一〇・四メガトンの水爆の爆発実験に成功しました。さらに一九五四年のブラボーというコードネームで呼ばれる水爆は四八・二メガトンの巨大なもので、放射性降下物が規制エリア外に降下し、航行中の日本の第五福竜丸などが被ばくする事件が起きました。

その後、ソ連も一九五五年一一月二二日に実施した水爆実験ＲＤＳ－37が成功し、米ソの開発期間差は原爆で四年、水爆で二年で確実に縮まっていました。

さらに米ソ両国で核実験が続けられ一九五五年から一九五六年には爆撃機にも搭載可能になり核兵器における威力対重量比が格段に増大する結果となりました。いわゆるメガトン級核兵器の登場でした。

原爆の二五〇〇倍の威力を持つ水爆

原爆と水爆を比較してみれば、広島に投下された原子爆弾はＴＮＴ火薬換算一万五〇〇〇～二万トンでしたが、水素爆弾は一般的にメガトン（ＴＮＴ火薬換算一〇〇万トン）単位で計量されます。原子爆弾は強力な兵器でありますが、核分裂反応の性質上、ウラン二三五やプルトニウム二三九をどんなに増やしても、最大でも広島・長崎級原爆（ＴＮＴ火薬で換算して約二〇キロトン［二万トン］）の一〇倍程度（つまり二〇万トン）に留まる爆発エネルギーしか得られません。

それに対して、水爆は、原爆の高熱を利用して、核融合反応を起こさせれば、それを起こす物質を追加すればいくらでもエネルギーを増加させることができるという特長を持ちます。冷戦中に製造されたもっとも大きい水爆は、一九六一年にソ連が実験に用いたもので、その破壊力は五〇メガトン（五〇〇〇万トン）に達していました。

原爆（二万トン）一発で広島はまさに焦土と化しましたが、水爆一発はその二五〇〇倍の威力を持つのですから、東京の周辺を含めて関東圏、ニューヨーク広域圏、モスクワ広域圏、北京広域圏などの数千万人が一瞬にしてゆうに消滅してしまいます。

ソ連の大陸間弾道ミサイルの開発

原水爆を開発してもそれを敵国まで運び目標物に投下する運搬手段がなければなりません。核時代の当初は長距離大型爆撃機がその役割を果たしており、この分野では第二次世界大戦以来、アメリカが圧倒的に有利でした。しかし、アメリカもソ連も、ドイツのV-1、V-2の技術と技術者を受け継いで、一九四〇年代後半から爆撃機よりも迅速に敵本国を攻撃できる兵器として、大陸間弾道ミサイル（Intercontinental ballistic missile、略称I

CBM）の開発を行うようになりましたが、これは有効射程距離が五五〇〇キロメートル以上の弾道ミサイルと定義されています。

ソ連が世界最初に成功したICBMの打ち上げに使用したロケットR-七の開発は一九五三年に開始され、最終設計が承認されたのは一九五四年五月で、それから製造にとりかかりました。新型ミサイルの発射テストは、バイコヌール宇宙基地で一九五七年五月から始まりましたが、連続して失敗しました。八月二一日の四回目の発射テストで、初めて六〇〇〇キロメートルの長距離飛行に成功しました。この成功は八月二六日にタス通信によって配信されました（これは誰も注目しませんでした）。

人工衛星スプートニク一号の成功

そこでソ連は、このロケットを改修したロケットを使って、一九五七年一〇月四日、人類史上初めての人工衛星スプートニク一号の打ち上げに成功したと発表しました。この衛星は、重量八三キログラム、直径五八センチメートルのアルミ製の球体に四本の棒状アンテナが付いていました。遠地点約九五〇キロメートル、近地点約二三〇キロメートル、軌道傾斜角六五度の楕円軌道を九六・二分で周回しました。

このソ連の人工衛星スプートニクの打ち上げ成功のニュースは世界をめぐり、この「スプートニク・ショック」は当時の米ソだけでなく、米ソ各々のブロックに属する国々にも大きな衝撃を与えました。これによってソ連首相フルシチョフは、時代の寵児となりました。

そしてこの一ヶ月後の一一月三日に、ソ連は今度はライカ犬を乗せた五〇八キログラムのスプートニク二号の打ち上げを実現しました。動物が「打ち上げ」のショックに耐えうること、そして無重力状態でも生きられることを証明したことで、再び世界の人々は驚きました。

このように表の面では衛星の打ち上げとなって、世界中の人々が歓喜しましたが、実際には裏面で宇宙軍事技術の開発のために膨大な予算が費やされ、恐怖の技術開発が着々と進められました。これは米ソ同じで、国民は時々、「宇宙への夢」「人類の偉大なる進歩」という形で宇宙開発を垣間見せられ、膨大な予算も核ミサイル兵器への恐怖も忘れるように仕向けられました（人類は「宇宙への夢」のかなりの部分が軍事技術開発目的である現実を見る必要があります）。

ソ連の最初の戦略ミサイル部隊はロシア西部のプレセツクで一九五九年二月に作戦可能

になり、二つのＲ‐７Ａミサイル連隊が置かれ、四基のミサイルはそれぞれニューヨーク、ワシントンＤＣ、ロサンゼルス、シカゴを目標としました。このＩＣＢＭは人類にとってきわめて重大な意味を持つものでしたが、これはあくまでソ連の裏の顔で、ソ連が発表することもなく、アメリカ政府も発表しませんでした。発表はあくまで表の顔のスプートニクでした。

「スプートニク・ショック」を受けたアメリカ国民

フルシチョフは得意満面になって「ソヴィエト社会主義」の優位性が証明されたと宣言しましたが、アメリカ側の衝撃は甚大でした。それは、ソ連が大陸間弾道弾によって直接アメリカ大陸を攻撃できる能力を持ったことを意味し、「もっとも豊かで最強の国」と自負していたアメリカの国民に大変な「スプートニク・ショック」といわれる衝撃を与えました。

ただちにアメリカではミサイル・ギャップ論争が起こり、科学・技術の遅れを指摘する声が高まりました。アイゼンハワー大統領は、ミサイル開発の強化を命令し、対抗措置・宇宙開発競争の一環としてアメリカでも早急に人工衛星を打ち上げることとなり、急遽、アメリカ海軍のヴァンガードロケットが一九五七年一二月六日に人工衛星打ち上げを試みましたが、失敗に終わり、米ソの技術格差は小さくないと思われました。

このスプートニク・ショックによって、米ソの宇宙開発競争の幕が切って下ろされ、アイゼンハワー大統領は一九五八年七月には、「一九五八年全米航空宇宙法」に署名し、アメリカ航空宇宙局（ＮＡＳＡ）が設立されました。

しかし、一九六〇年の大統領選挙では、アメリカは宇宙開発でソ連に大きく遅れをとったと共和党政権を追及した民主党のジョン・Ｆ・ケネディが当選しました。

アイゼンハワーの産軍複合体に対する警告

七一歳となったアイゼンハワーは一九六一年一月一七日の退任演説で、巨額な軍事費と台頭する軍産複合体に警告を発したことで有名です。軍人としてトップまでいったアイゼンハワーは、軍隊の生態をもっともよく知っている人物でした。その彼が経験から学んだもっとも重要なことをホワイトハウスの執務室からテレビ、ラジオを通じて国民に語ったのです。

「第二次世界大戦まで、アメリカは軍需産業というものを持ったことはありませんでした。

というのも、アメリカでは、時間的な余裕があったため〝平時〟に鍬《くわ》を作っていたものが、必要に応じて〝戦時に〟剣を作るということで済ますことができたからであります。しかし、現在では、いったん差し迫った事態になってから急に国防の備えをなすという危険を冒すわけにはいかなくなっています。その点、我々は大規模な恒久的軍需産業を創設することを余儀なくされています。加えて、三五〇万人に及ぶ男女が直接国防組織に従事しています。我々は、アメリカのために全会社の年間純所得を上回る額を、軍事費のために年々消費しているのであります。（中略）

　このような事態の進展がいかんとも避けられないものであることはよくわかってはいます。だが、そのおそるべき意味合いを理解しておくことを怠ってはなりません。

　それには、我々の勤労が、資源が、生活がすべて関わっています。事実、アメリカの社会機構そのものまでが、関わっています。政府部内のいろいろな会議で、この軍産複合体が、意識的であれ、無意識的にであれ、不当な勢力を獲得しないよう、我々としては警戒していかなければなりません。この勢力が誤って台頭し、破滅的な力をふるう可能性は、現に存在していますし、将来も存在し続けるのでありましょう。この軍産複合体の勢力をして、わが国民の自由や民主的な過程を危殆《きたい》ならしめるようなことがあってはなりません。

なにごとも仕方ないこととしてはなりません（以下省略）」。

アメリカの軍産複合体は、軍需産業と国防総省、議会が形成する経済的・軍事的・政治的な連合体であり、このアイゼンハワーの指摘以降、一般的に認識されるようになりました。アイゼンハワーは、米ソ冷戦の名のもとに軍産複合体がアメリカを「兵器国家化」し、その防衛すべき自由自体が内部から瓦解してしまうことを恐れ警告を発したのであり、そのために国民による絶えざる監視を要請したのです。

しかし、さっそうと登場した若い政治家はそれから学ぼうとしないものです。実はケネディ政権から、キューバ危機、ベトナム戦争など、一九六〇年代以降、アメリカの国防費は本格的に増大していって、アメリカの政治・経済の深奥をむしばむようになっていったのです。そのような意味でアイゼンハワーの軍産複合体に対する警告は現在にも、いや、今こそより重要になっています。

キューバ危機の勃発

一九六二年七月から八月にかけて、ソ連の貨物船が集中的にキューバの港に出入りするようになったため、アメリカ軍はキューバ近海を行き来する船舶や、キューバ国内に対する偵察飛行を強化して、徐々に配備状況をつかんでいきました。決定的であったのが一九六二年一〇月一四日、アメリカ空軍のロッキードU―2偵察機が、アメリカ本土を射程内とするソ連製中距離弾道ミサイル（MRBM）SS5の存在を発見、さらにその後三つの中距離弾道ミサイルを発見しました。SS5はアメリカ全土とそのすべての戦略空軍基地をカバーし、ミサイルで攻撃された場合にはアメリカの戦略兵器の八五％が壊滅すると予想されました。

この情報は一〇月一六日早朝ケネディに伝えられました。米ソ全面核戦争の危険を伴う冷戦史上最悪の国際危機の幕開きでした。このキューバ・ミサイル危機は、この一九六二年一〇月一五日から一三日間続きました。

ケネディは一〇月一八日（四日目）にグロムイコ駐米ソ連特命全権大使をホワイトハウスに呼びつけ、ソ連に対してキューバからのミサイルの撤去を強く要求しました。

二一日（七日目）、ケネディはミサイル基地への空爆を主張する国防総省やCIAの強硬論を抑えて、第一段階としてキューバ周辺の公海上の海上封鎖及びソ連船への臨検を行うことを決定しました。この決定は即日、英仏に伝達され、同時にB52、ポラリス・ミサイルなどの戦略核ミサイル部隊を含む世界各地の米軍は、高度警戒態勢に入りました。

同時に、一〇月二二日（八日目）夜七時、ケネディは全米に向けてテレビ演説を行い、キューバに核攻撃可能なミサイルが存在することを明らかにし、海上封鎖策をとり、核ミサイル攻撃にはソ連に対する全面報復で応ずると宣言しました。

さらにその後アメリカ軍部隊へのデフコン2（準戦時体制）を発令しました。このデフコンとは、Defense Readiness Conditionの略で、通常は戦争への準備態勢を五段階に分けたアメリカ国防総省の規定です。デフコン5は完全な平時であり、デフコン1だと完全な戦争準備態勢となります。準備状態の上昇は統合参謀本部が実行し、国防長官が宣言します。

さて、このキューバ危機の当時、アメリカでは国内に配備された一〇〇基あまりのアトラス大陸間弾道弾タイタンⅡ、試験配備が始まっていたミニットマンⅠ、イギリスに配備された六〇基のソアー中距離弾道弾、及びトルコ、イタリアに配備された四五基のジュピター中距離弾道弾がデフコン2の防衛準備態勢に入りました。

一方、ソ連でも最初のＩＣＢＭ・Ｒ‐7が発射台上で待機状態となり、キューバに配備されたＲ‐12が発射準備態勢に入りました。最初の量産ＩＣＢＭであるＲ‐16（ＳＳ‐7）の配備が始まったばかりであり、実際に開戦となった場合はキューバに配備した約四〇基のR-12を加えても、ミサイル戦力だけを見ればソ連が圧倒的に不利な状況でした。

さて、このデフコン2の発令を受けて「全面核戦争」の可能性をアメリカ中のマスコミが報じたことを受け、アメリカ国民の多くがスーパーマーケットなどで水や食料などを買い占める事態が起きました。

二四日（一〇日目）海上封鎖が発動されました。国内の軍隊をアメリカ南東部に移動、空軍戦略航空軍団を最高の警戒レベルに引き上げ、一八〇隻の海軍艦艇をカリブ海に展開させて海上封鎖を実施しました。この間にも資材を搬入するためのソ連船一八隻がソ連の潜水艦に守られて、米軍艦の海上封鎖線に刻一刻と近づいていました。もし米軍艦が実力でそれを阻止すれば、ただちに米ソ間の核戦争に発展する危険が一挙に高まりました。世界は固唾《かたず》を飲んで、ソ連の反応を見守りました。アメリカはソ連とミサイル撤去の交渉を開始していました。

一〇月二七日（一三日目）、ソ連船は潜水艦の護衛のもとに封鎖ラインに接近し始め、危機は頂点に達しました。フルシチョフもケネディも、誤った判断は間違いなく核戦争を勃発させることになると認識しました。さらにキューバ上空を偵察飛行していたアメリカ空軍のU-2偵察機が、正午、ソ連軍の地対空ミサイルで撃墜されたというニュースが入りました。軍部はキューバ報復攻撃を主張し始めました。この日は「暗黒の土曜日」と呼ばれ、誰もが第三次世界大戦の勃発を現実のものとして考えざるをえなくなりました（のちに、多くの人が「世界が核戦争に最も接近したとき」であったと回顧しています）。

このとき、海中で起きていたこと

アメリカはキューバ周辺海域を海上封鎖し、海上封鎖を破るため派遣されたソ連の６４１型潜水艦四隻をアメリカの駆逐艦七隻と空母が追尾していました。そして、それらの潜水艦には核魚雷が搭載されていました。当時は潜水艦との通信連絡が困難だったため、艦長たちはモスクワの許可なしで核魚雷を発射する権限が与えられていました。

緊張がピークに達した一九六二年一〇月二七日、ソ連の潜水艦にも問題が発生していました。追われて海面に浮上できないソ連潜水艦の艦内は温度が摂氏六〇度に達し、二酸化炭素の濃度も上昇していました。アメリカ艦隊はソ連潜水艦を浮上させようと爆雷を次々と投下し始めました。一隻のソ連潜水艦では艦長が完全に冷静さを失っていました。モスクワとの連絡も途絶え、爆雷の衝撃に「米ソはすでに核戦争に突入した。一矢報いるために米艦隊に核魚雷を撃ちこもう」と言い出しました。

当時、核魚雷を発射するには艦長と副艦長、政治将校の三人が同意する必要がありました。政治将校は艦長に同意しました。しかし、副艦長のワシリー・アルキポフ中佐は頑として首を縦に振りませんでした。潜水艦は海上に浮上しました。副艦長は核戦争より名誉ある降伏を選択しました。この事実が明らかになったのはキューバ危機から何年もあとのことでした。あのとき、副艦長が同意し核魚雷が発射されて米艦隊が絶滅すれば、ケネディもソ連が核攻撃を始めたと思い、核攻撃命令を出したかもしれません。

さらに同じ頃、キューバ危機が最高潮に達していたとき、長期の飛行計画に沿って巡回中だった米軍機が、予定航路を外れてソ連領空に入ってしまいました。ソ連の防空部隊は、これを爆撃機と誤認し、即座に攻撃用の戦闘機をスクランブル（緊急発進）させました。これに対して米軍のアラスカ基地からは、核ミサイルを搭載した戦闘機が、その偵察機を守るためにスクランブルしました。幸いにも、このときは偵察機の機長がソ連領空を誤って侵犯していたことに気づき、敵軍との交戦前に引き返すことができました。

このように突発時には「思わぬことが（想定外のことが）」立て続けに起きるものです。

アメリカのマクナマラ国防長官（当時）はのちに「実際には、キューバ危機時には、私たちが認識していた以上に核戦争に近づいていた」と振り返っています。

一〇月二七日（一三日目）の午後四時からのEX–COMMでケネディは、キューバへ侵攻しないこと、フルシチョフの第二の提案（トルコからジュピター・ミサイルを撤去する要求）を受け入れることを決定しました。ソ連はワシントン時間二八日（一四日目）午前九時、フルシチョフ首相がモスクワ放送でミサイル撤去の決定を発表しました。危機一髪で核戦争の危機は回避されました。ルメイの主張通りミサイル基地を空爆していたら、残りの数十基のミサイルが発射され、世界は第三次世界大戦に突入していた可能性が高かったのです。

このキューバ危機を教訓として二つの国の政府首脳間を結ぶ緊急連絡用の直通電話ホットラインがソ連とアメリカ間に初めて設置されました。

ケネディの「平和のための戦略」

ケネディは経験に学ぶ政治家でした。フルシチョフもそうでした。ともに地獄を見た二人は核兵器の廃止を真剣に考えるようになりました。

ケネディは、キューバ危機後の一九六三年六月一〇日、アメリカン大学（ワシントンにあります）の卒業式で「平和のための戦略」という演説を行いました。この演説の中でケ

ネディは、

「この地にあるもので大学ほど美しいものはありません。（中略）大学は、無知を憎む人間が、知ることに努め、真理を知る人々が、この地上の最重要の課題である世界平和について述べるときと場所を提供するところであります。

私の言う平和とは何か？　我々が求める平和とは何か？　それはアメリカの戦争兵器によって世界に強制されるパックス・アメリカーナ（アメリカの押しつけの平和）ではありません。そして墓場の平和でもなければ、奴隷の平和でもありません。戦争が新しい様相となったがゆえに、私は永遠の平和を語りたいのであります。（中略）

我々のもっとも基本的なつながりは、我々全てがこの小さな惑星に住んでいることであります。我々はみな同じ空気を呼吸しています。我々はみな子供たちの将来を案じています。そして我々はみな死すべき運命にあります。（中略）

平和とはアメリカ人のためだけのものではありません。すべての人々のためのものなのです。今だけのものではなく、今後ずっといつの時代にも続くべきものなのです。（中略）

今直面している問題は人間が作り出したものです。それゆえ、人間によって解決できるものなのです。（中略）

ソ連への我々の態度を再検討しようではありませんか。政府や社会組織がどんなに悪くとも、その国民が道義に欠けるとは考えられないことであります。コミュニズムは、個人の自由と個人の尊厳を否定するがゆえに深くいまわしいものであるかもしれませんが、なおかつ、我々は科学と宇宙開発、経済と工業の発展、文化と勇敢なる行動の面において、ソヴィエト国民が上げてきた多くの業績を讃《たた》えることができます。（中略）

冷戦に対する我々の態度を見直そうではありませんか。共産圏内部に建設的な変化が起こって、今は手の届かない解決が、やがて手の届くものになるであろうと希望しながら、忍耐強く、平和を探求しようではありませんか。（中略）

米ソ両国間のどのような合意も、欺瞞や侵略という危険に対して絶対的な安全を保障するわけでない。しかし、その合意事項が十分に効果を発揮するように努力しさえすれば、それが自分たちの真の利益となるように努力しさえすれば、その合意は、衰えることがなく、管理されることさえなく、そしてそれゆえに予測不可能な軍拡競争よりも、ずっと大きな安全を提供してくれるし、危険もずっと少なくなるはずです」

とケネディ大統領はソ連に対して、この目的に向けての話し合いを始める呼びかけをし、アメリカは大気圏内での核実験をソ連が同じ実験を控える限り再開しないと約束し、演説を終えました。

人間というものは危機におかれてはじめて真剣にものごとを考えます。為政者も同じです。ケネディは一三日間の地獄を味わって、はじめて核問題の本質をつかみ、本気でこの問題に取り組もうとしたようです。

部分的核実験禁止条約

一九六三年七月一五日に米英ソによる核実験停止と核軍縮に向けてのモスクワ会議が再開されました。七月二六日、ケネディはTV・ラジオを通じて部分的核実験禁止条約の締結を正式発表し、次のように語りました。「一八年前、核兵器の登場は戦争だけでなく世界の進路を変えてしまいました。それ以来、全人類は地球上に存在した大量破壊の暗黒のとばりの中で、敵対し合ったイデオロギーの悪循環と戦いながら、その暗闇から逃げだそうと悪戦苦闘してきました。（中略）
きのう、暗闇の中に一条の光明が希望を投げ込みました。大気圏内、圏外、水中におけるいっさいの核実験を禁止する条約がモスクワで妥結しました。この仮調印された条約は、まだ地下実験の続行を認め、監視所も現地査察も要求していないものですが、この部分的核実験禁止条約が、限界の中から平和を模索する理性の第一歩であることを知ってほしい。平和追求努力の記念碑がうち立てられたのです。

有史以来、戦争は人類の道連れでありました。アメリカ人は八つの戦争を体験し、私は大統領として、この二年半の間にラオスとベルリンとキューバで瀬戸際に立たされました。一発の核熱爆弾がどこかの町に投下されるとき、偶然であれ狂人の仕業であれ、大国であれ小国であれ、その破壊力の恐ろしさは計り知れません。私はみなさんが討論に加わることを望みます。ともに平和の道を探し出そうではありませんか。それがいかに遠い道であろうとも、我々の時代が、その第一歩を踏み出そうとしたことを歴史の中に記録しようではありませんか」

この部分的核実験禁止条約（ＰＴＢＴ）は、地下を除く大気圏内、宇宙空間および水中における核爆発を伴う実験の禁止を内容とするもので、アメリカ、イギリス、ソ連の三国外相によりモスクワで正式調印され、一〇月に発効しました。発効までに一〇八ヶ国（原調印国を含め一一一ヶ国）がこの条約に調印しました。

一九六三年一一月二二日、ケネディ大統領は、遊説先のテキサス州ダラスの市内をオープンカーでのパレード中に狙撃され、暗殺されました（暗殺の真犯人については、アメリカの国家機密となっていて、まだ、公表されていません）。その後のフルシチョフも対米平和共存の必要性を確信するようになりましたが、一九六四年一〇月一三日および一四日に開かれた臨時の中央委員会総会で、ミコヤンを除く幹部会員全員がフルシチョフの更迭を決めました。フルシチョフは、七年間の年金生活の後に一九七一年九月にモスクワの病院で死去しました（声の大きい強硬策を雄弁にわめく政治家を支持し、このように悟りの境地に達した政治家を国民が評価せず、歴史から追いやるのは古代ギリシャのデマゴーグ以来変わっていません。人類にとってはケネディや後のゴルバチョフはもっとやってもらいたかった政治家でした）。

《二》米ソの核ミサイル開発競争

第一世代のＩＣＢＭ

キューバ危機のとき、アメリカの大陸間弾道ミサイル開発の実態は、ソ連にそれほど遅れをとってはいませんでした。アトラスはアメリカ空軍で最初のＩＣＢＭであり（第一世代のＩＣＢＭ）、最初の量産型であるＤ型が一九五九年の終わりに完成してヴァンデンバーグ空軍基地に配備され、最初のアトラス部隊が作戦配置に着きました。つまり、ＩＣＢＭの実戦配備ではアメリカとソ連はほとんど同じでした。

アトラスの総生産数は約三五〇基で前述しましたキューバ危機のときには発射準備態勢に入っていました。このときにはＩＣＢＭだけでなく、図3のように、アメリカには膨大な戦略爆撃機があり、アメリカは、ソ連より圧倒的に優位でした。

第二世代のＩＣＢＭ

アメリカでは一九六二年から、固体燃料を用いる即応性に優れた第二世代のミサイルであるミニットマンⅠやタイタンⅡが開発・配備されて、第一世代のアトラスは一九六四年から退役が開始され、一九六八年には軍の配備からは外されました。ミニットマンは固体燃料を用いたために即時発射が可能であっただけでなく、小型で安価であったため量産され、一〇〇〇基に達しました。

核弾頭は、当初のＩＣＢＭの命中精度が劣っていたため（三キロメートル前後）、メガトン級の大威力のものが採用されましたが（命中精度が低いので核弾頭で目標周辺を焼き尽くしてしまう考え）、第二世代では命中精度〇・一キロメートル程度のものさえ開発され、それに伴って核弾頭も四〇〇キロトンから二〇〇キロトン程度に小型軽量化されました。ＭＩＲＶ（多弾頭独立目標再突入ミサイル）の実現も、一つにはそうした小型軽量化の成果でした。

核ミサイルの実戦化が可能となると、米ソは裏で熾烈な核ミサイル配備競争を始めました。図３のように、これ以降の米ソの戦略核兵器の配備状況を示しますが、一九六〇年代後半になって、ソ連でもＩＣＢＭが本格的に配備されるようになって、初めて米ソの核戦力が互角になったといえます。

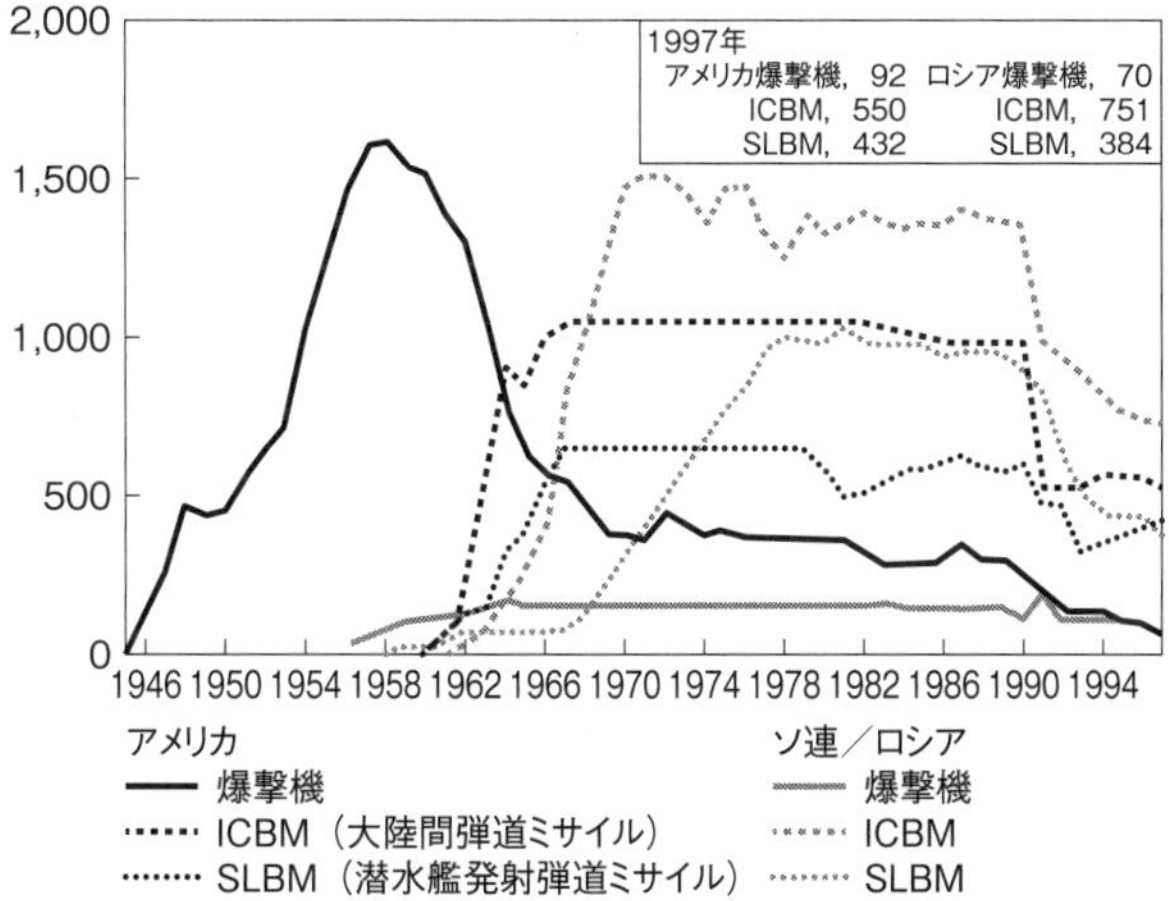

図３．アメリカとソ連（のちロシア）の戦略核兵器配備状況（1945～95年）

まず、始めは「抑止」政策

第二次世界大戦の終結以降、アメリカの国防戦略の主たる目標は、一貫して「抑止」でした。これはソ連に対して強硬かつ断固たるスタンスをとるという考え方であり、それを達成するため大量の核兵器でソ連を圧倒するという戦略でした。ソ連政府に対して、「核兵器によってであれ、従来型の大部隊によってであれ、我が国、あるいは我が国の同盟国を攻撃するなどといったことは一瞬たりとも考えてはならない。さもなくば、我々は核爆弾をもってソ連を攻撃する」との強力なメッセージを発信し続けることでした。

したがって、第二次世界大戦後、国連ができて軍縮委員会が置かれていても、アメリカは戦後は軍縮にはほとんど見向きもしませんでした（いつの時代でも、あり余る経済力は軍事大国化をもたらすことを歴史は示しています。アメリカも例外ではなかったのです）。第二次世界大戦前はワシントン軍縮会議などアメリカがイニシアティブをとっていました。第二次大戦直後にはアメリカは世界のＧＤＰの五〇％を占めていましたので（ＧＤＰが圧倒的に大きいだけでなく、国家予算に占める国防費の比率も極めて大きかったのです）、圧倒的な軍事力があったから覇権国家的（抑止的）な世界戦略に転じたのです。

しかし、このような脅し（抑止）で引き下がる国は歴史上どこにもありません。図３に示しましたように、ソ連も戦略核兵器の配備で急速に追い上げました。

結局、「創造と模倣・伝播の法則」で、ソ連は、アメリカと同じように、爆撃機、ＩＣＢＭ、原子力潜水艦を増やしていって、図3のように、一九七〇年代には全体としてアメリカと同じ量の核爆弾を装備しました。

つまり、アメリカの抑止政策は、「こちらはそちらを抑止するが、そちらもこちらを抑止する」という釣り合っている状態となりました。軍拡競争の果てが、大変なカネをかけた結果が、自国が優位にならず、危険だけが双方飛躍的に増大してしまいました（これは二〇世紀、二一世紀の核兵器時代の話ではなく、古代から人類は兵器の種類は変われども、覇権国があると必ずそれに張り合う国が追いかけて、最後は戦争ということで結末がついているのです。それをやめようとしたのが国連でしたが、アメリカは結局、同盟主義を復活して人類の長い悪弊に追随しているだけです）。

「抑止」政策の帰結は国防予算の増大

一九六〇年代後半から米ソの核軍拡競争は激化し、その結果、三つの問題を抱え込むことになりました。

第一に米ソとも図4のように国防予算の増大でした。このためケネディ政権の国防長官マクナマラは相互確証破壊（Mutual Assured Destruction.ＭＡＤ）という概念を導入して、一九六六年末には戦略核兵器に上限を設定し（ミニットマン一〇〇〇、ポラリス四一という上限でした）、予算を抑えようとしました。この相互確証破壊論は、相手に対して十分な被害を与える能力を保持すればよいという考えでした。

第二に弾道弾迎撃ミサイル（ＡＢＭ：Anti-Ballistic Missile）と言われる戦略核兵器への防衛ミサイルの開発という問題が起きました。

これは、敵のミサイルをミサイルで撃ち落とすので、理論的には攻撃核兵器を無力化する防御兵器でしたが、相互にそれをやれば核抑止力を不安定化させる兵器でもあると言われ、そのためアメリカではＡＢＭ論争が起こりました。マクナマラはＡＢＭの導入に消極的でしたが、ＡＢＭ導入を要求する議会の圧力も強く、そのためマクナマラはソ連と軍備管理交渉を行うことを提案しました。一九六七年六月グラスボロで、ジョンソン－コスイギン会談がもたれ、ＡＢＭを議論しましたが、ソ連側は拒否し、アメリカは導入に踏み切りました。

第三に核軍拡競争が、量をめぐるものに加えて質的なものも加わっていったことです。

一九六五年ソ連は、複数弾道ミサイル（ＭＲＶ：ミサイルに複数の弾頭を搭載させるもの）を導入し、アメリカもただちにＭＲＶの次世代兵器である多弾頭独立目標再突入ミサイル（ＭＩＲＶ）の開発に乗り出しました。

「抑止」政策から「相互確証破壊」政策へ

さて、そこで、「抑止」政策から「相互確証破壊」政策へと移ったのです。まず、相互確証破壊（ＭＡＤ）の思想ですが、これは核戦略の重要な概念で、核兵器を保有して対立する二ヶ国のどちらか一方が、相手に対し核兵

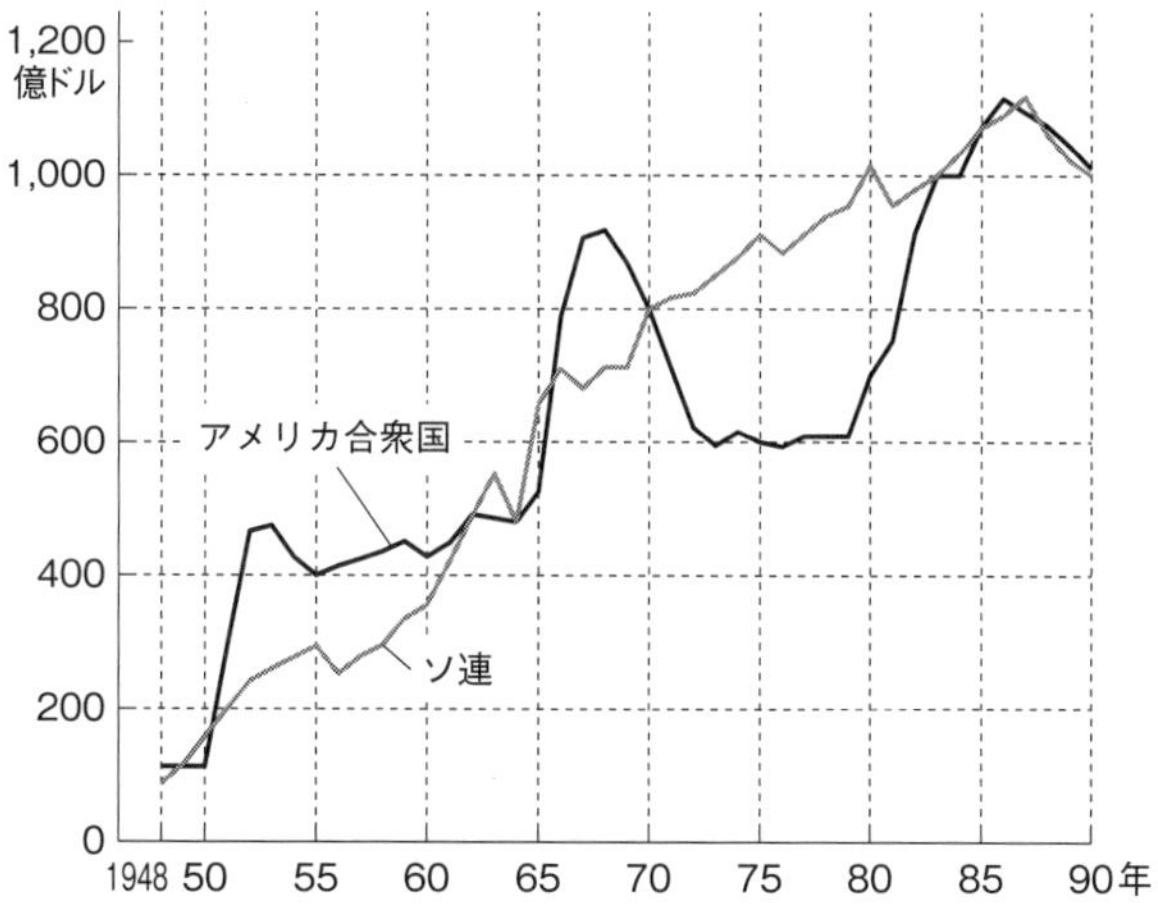

図４．アメリカとソ連の軍事支出額の推移
『図説ユニバーサル新世界史資料』（帝国書院）より

器を使用した場合、もう一方の国が先制核攻撃を受けても核戦力を生残させ核攻撃による報復を行う。これにより、「一方が核兵器を先制的に使えば、最終的に双方が必ず核兵器により完全に破壊し合うことを互いに確証する」という考え方です（例えて言えば、対立した二人が「お前が俺を殺そうとしたら、俺は最後の余力でこうやって確実にお前を殺す」と相互に確認し合う、あるいは暗黙の了解をするということで自己の平安を保つということです。まさにＭＡＤ〈気の狂った〉同士の考えです。安心など得られるはずはありません。人類は国家を作り、そこに犯罪者を取り締まる権限を一元的に与えましたので、安心して生活できます（もっとも、アメリカでは武器の個人所有が認められていますが）。

国際社会も同じです。警察（国連）に相互のピストルを預ければすむことです。ピストルを持っていれば、二人はその後も気が安らぐことはなく、少しでも早くピストルを抜く練習とか、より正確に当てようとしており、ウルトラＥやＦのような相互に膨大な核防御システムを世界中に張り巡らして、まだ安心できず、今や宇宙にまで張り巡らして、これでもかこれでもかと言い張っています。それはトランプ、プーチンになっても同じです。世界は現在もまったく変わっていません。ただ、現在の人類はそれに慣れてしまって（というか、実態を知らないで）考えようともしなくなっただけです。

いずれにしても、米ソは相互確証破壊の思想を入れて、相互に技術開発を行い、膨大な開発費を費やしながらやってみましたが（ここでは省略します。もともとあり得ない技術開発です）、結論は同じで、相互に相互確証破壊の状態が得られず（安心できず）、やはり軍事費が増大する一方となってしまいました（つまり、安心するために数を増やすようになりました。相互に膨大な核を持って、安心など得られるわけがありません）。

その後もアメリカ、ソ連の間で核兵器の大量製造、配備が行われました。核兵器の量は地球上の全人類を滅ぼすのに必要な量を遥かに上回っていました。核兵器保有国は最盛期には、アメリカは一九八六年に約三万二〇〇〇発、ソ連邦は一九八六年に約四万五〇〇〇発、イギリスは一九八一年に三五〇発、フランスは一九九二年に五四〇発、中国は一九九三年に四三五発、五ヶ国合計で一九八六年に約七万発を保有していました。

図３（１３３ページ）は核運搬手段別に図示したものですが、多弾頭化しているので延べ核弾頭にすると七万発になったのです。前述しましたように、現在の世界には数十の巨大広域都市圏がありますが、五〇メガトン級でほぼ全滅しますので、一〇〇もあれば、人類は終わりです。それを七万も積み上げたのです。もちろん、核弾頭の七万は大小いろいろあったでしょうが、気が狂っているとしか言いようがありません。

次がＡＢＭの開発

そこで、相互確証破壊の思想の次に人間が考えたことが、「いかにして敵の先制攻撃で破壊されずに発射するか（生残性）」が問題となりました。飛んできた核ミサイルをミサイルで落とせば怖くないというミサイル防衛という発想が生まれました（これも先程の例えで言えば、「いいんだ。ピストルで撃ってきたら、俺のピストルでその弾を撃ち落とせば、俺には当たらない」「一〇発撃ってきたら?」「みんな撃ち落とせばいいんだ」「どうやって?」「……」）。

一九六〇年代には米ソの双方でＡＢＭが開発されました。当時は精密誘導技術が未熟だったため、迎撃ミサイルにも核弾頭を搭載し、核爆発の広範な破壊力によって命中率を補う方式でした。両国とも一九六〇年代までに攻撃用の大陸間弾道ミサイルのみならず、このような弾道弾迎撃ミサイルの開発にも成功しました。

しかし、核ミサイルを防ぐ弾道弾迎撃ミサイルの成功は、弾道ミサイルの一発あたりの有効性を下げるものであるために、それをくぐり抜けるため弾道ミサイルの配備数の増加をもたらしていきました（撃ち落とされるミサイル数を見込んで、より多く作ることになりました）。

そこで冷戦期において、アメリカとソ連は核兵器をますます増強していきました。これでは双方意味がないことに気づき、軍備の増強に歯止めをかける必要性を両国が認識し、一九六〇年代後半より軍備の制限交渉が行われることとなりました。

第一次戦略兵器制限交渉において、核兵器運搬手段の配備数が制限されることとなり、それと対になるものとして、弾道ミサイル防御手段も制限されることとなりました。弾道弾迎撃ミサイル制限条約も同時に一九七二年五月、モスクワで締結され、一九七二年一〇月に発効しました。この条約の内容は、米ソともＡＢＭ配備基地を首都とミサイル基地一つの二ヶ所に制限するものでした。なお、二ヶ所でも多いとなり、一九七四年七月に配備基地を一ヶ所に制限する議定書が結ばれ、ソ連はモスクワ近郊、アメリカはノースダコタ州グランドフォークス空軍基地にミサイルを配備しました。

しかし、アメリカのＡＢＭは間もなく運用中止となりました。この当時のＡＢＭ兵器は核ミサイルを迎撃するのに核ミサイルを使用するものであったので、いったんＡＢＭが作動したらそれによる被害で自国が破壊されてしまうことにアメリカは気がついたのです。

例えば、ソ連の一〇発のＩＣＢＭがアメリカに達し、それをアメリカ上空でＡＢＭ一〇発を当てて破壊したとしても、その二〇発分の核物質がアメリカ本土に雨あられのように降り注ぎます。

ソ連も気づいていましたがアメリカより国土が広くアメリカの東海岸や西海岸ほど人口密集していないので、全面的核戦争のときは有利だと思っていたのです。少なくとも当時の核抑止論から有利だと考えたのです。放射性降下物などの被害が避けられないこと、核爆発に伴う大規模な電磁的障害のせいで（自国の核攻撃システムが作動しなくなり）敵国の第二次攻撃に対抗できないことなどから、このような核弾頭を搭載するタイプの迎撃ミサイル開発は意味がないことになり、アメリカはやめてしまったのです。

次がレーガンの戦略防衛構想（ＳＤＩ）

レーガン大統領は、一九八三年三月二三日に突然、戦略防衛構想（ＳＤＩ）を公表しました。国民に対する夜の演説で、ソ連の脅威を強調するとともに、「我々は今ここに、ソ連のミサイルの脅威に、防御的な手段で対抗するプログラムを開始します。アメリカの安全が、ソ連の攻撃に対する報復（核抑止力）によって保たれるのではなく、戦略弾道ミサイルを、我々自身の、また我々の同盟国の国土に達する以前に迎撃し、破壊できると知ったときに初めて、自由な国民は安楽に暮らせるのではないでしょうか？」（このような発想はレーガンの発明でも何でもなく、前述しましたABM構想がそれで、アメリカは一度ソ連とこの協定を結んでいましたが非現実的と放棄したことは述べました）

そのシステムの概要は、衛星軌道上にミサイル衛星やレーザー衛星、早期警戒衛星などを配備、それらと地上の迎撃システムが連携して敵国の大陸間弾道弾を各飛翔段階で迎撃、撃墜し、アメリカ本土への被害を最小限に留めることを目的にしていました。

当時、ヒットした映画『スター・ウォーズ』に登場した宇宙戦闘シーンさながらに、ソ連による核攻撃を人工衛星から発せられるレーザー光線で反撃するというSDI構想は、通称スター・ウォーズ計画とも言われました。ソ連ばかりでなく西側同盟国も、そして核戦略専門家もこれに疑念を表明しました。また、アメリカ国内からも多くの反対意見が寄せられ、アメリカの宇宙物理学者カール・セーガンは「地球のみならず、宇宙までをも破壊しようとする狂気の沙汰」と厳しく非難しました。科学者グループだけでなく、元国防総省幹部などからも批判が上がりました。

このSDI構想は当初から技術的な問題、資金的な問題、宇宙空間の軍事利用に関する法的（宇宙条約）・倫理的な問題、現状の核抑止を不安定にする危険などが指摘されました。それでもレーガンは、「アメリカや同盟国に届く前にミサイルを迎撃」し、「核兵器を時代遅れにする」手段の開発を呼びかけ、演説の翌日三月二四日にとにかく開発を命じ、国防総省や各軍をはじめ、様々な方面から提案がなされ、研究・開発が進められることになりました（このように、為政者の強硬策に疑問があっても、軍産複合体の利益になれば追随するということも、歴史の常でした）。

レイキャビクのレーガン対ゴルバチョフ

一九八六年一〇月一一日から一二日にかけて、アイスランドの首都レイキャビクで、レーガン大統領とゴルバチョフ書記長の歴史的な会談が行われました。両者はそれぞれジョージ・シュルツ国務長官とシュワルナゼ外相を同伴していました。

この米ソ首脳会談は、ゴルバチョフの大胆な提案から始まりました。一一日ゴルバチョフは、戦略核兵器に関しては五〇％削減、ＩＮＦ（中距離核戦力）に関しては英仏の核兵器の対象からの除外（ソ連の大幅な譲歩）と、極東方面配備のソ連のＩＮＦの制限、ＳＤＩに関しては、その配備を不可能としている弾道弾迎撃ミサイル（ＡＢＭ）条約を一〇年間遵守すること、ＳＤＩ開発は実験室に限定されることなどを提案しました。その晩、徹夜で実務協議がなされ戦略核兵器では合意しました。

翌一二日午前の首脳会談でヨーロッパ配備のＩＮＦの全廃でも一致しました。最大の問題はＳＤＩであり、ゴルバチョフはＳＤＩの制限を先の合意の条件としていました（つまり、レーガンがＳＤＩについてゴルバチョフの提案のように限定されたものに妥協してくれなければ、画期的な戦略核兵器五〇％削減、ＩＮＦ全廃の合意はチャラだということ）。ここで会談は暗礁に乗り上げました。

そのとき、アメリカは、ＡＢＭ条約を遵守する期間の最初の五年で戦略核兵器を五〇％削減し、後の五年で残りの攻撃弾道ミサイルを全廃し、ＡＢＭ条約の遵守期間である一〇年が経過した段階でＳＤＩ配備を可能とするという提案を行いました。昼食時に急遽作成されたこの提案は、午後の会議に提案されました。しかしゴルバチョフは、あくまでもＳＤＩ配備の阻止の姿勢を崩さず（逆に言うと、レーガンはあくまで一〇年でＳＤＩ配備を行うと主張しました）、会談は予定より延長されて続けられました。

レイキャビクの会談は、核兵器に関する歴史を永遠に変えうる分岐点でした（実現すれば、一〇年でＩＣＢＭが全廃されることになりますから、画期的なことです）。ポール・ニッツェ（軍備管理に関する大統領特別顧問）は、のちに「この二五年間で最高のものだった」と述べています。ジョージ・シュルツ（国務長官）は、「この包括的な軍縮計画を受ける」よう強くレーガンに要請したと言います。レーガンは、タカ派のリチャード・パールの意見も聞きましたが、彼は「ＳＤＩ構想実現の妨げになる」と警告したと言われています。

　このとき、レーガンの側近たちは、ＳＤＩは夢物語であるとわかっていました。ゴルバチョフとソ連の科学者たちも、ＳＤＩはソ連の全面的な攻撃からアメリカを守れないと見ていました。結局、レーガンはＳＤＩの研究を制限することは、政治的なダメージになると拒み、交渉はついに合意に至らず決裂しました（あれだけ全世界にＳＤＩ開発を宣伝したので。つまり、まったく科学技術にうとい政治家はとんでもないものを吹き込まれたり、信じ込んだりする可能性があるということです）。

　真っ暗になったレイキャビクの館から出て、レーガンと歩きながらゴルバチョフは「大統領、あなたが宇宙を軍事利用する計画を断念するなら、私は今すぐ戻って合意する用意があります」と最後にもう一度働きかけました。それに対してレーガンは「残念だが……」と答えて車に乗り込んだと伝えられています。

中距離核戦力（ＩＮＦ）全廃条約の成立

しかし、ゴルバチョフは諦めはしませんでした。ゴルバチョフは、ＳＤＩ問題でゼロ（チャラ）としていましたが、あのとき、戦略核兵器の五割削減、ＩＮＦの全廃について基本的な合意は成立していました。そのうちゴルバチョフは、ＳＤＩを完全に阻止できなくても今後、ＳＤＩに制限を課す方法を模索することとして、とにかく戦略核兵器の五割削減、ＩＮＦの全廃は、これはこれで大いなる前進と考え、進めるべきだと考えるようになりました。

ゴルバチョフは、一九八七年二月、アメリカにＩＮＦを他の争点から切り離すことを提案しました。四月にはＩＮＦの全廃（ゼロ・オプション）にまで踏み込みました。

ＩＮＦはその後細部の詰めがなされ、ゴルバチョフは訪米し、一九八七年一二月八〜一〇日、ワシントンでの米ソ首脳会談で中距離核戦力全廃条約（ＩＮＦ全廃条約）に調印しました。これは（すでに配備済みの中距離ミサイルの数が二倍以上多かった）ソ連の全面的な譲歩でしたが、人類としては画期的な前進でした。

その後のSDI構想

懸案であったSDIは、すでに一九八七年一一月議会では予算は三分の一にまで削減されましたが、その後も予算が削減され、次第に存在意義を失い、冷戦終結と相前後して、自然消滅に近い形で中止されました。

技術面・軍事面で言えば、SDI研究の初期の段階で、華々しく研究・実験の成功が報道されることがありましたが、それらのSDIの各種兵器の実験には、数々の不正（言うなれば「やらせ」）が行われていたと言われています。たとえば、センサーや追跡システムの能力不足などから目標の追跡失敗が相次ぐと、ダミーの標的に、センサーが探知・捕捉しやすいように赤外線をより多く発するよう細工するといった形で行われたと言われています。

当初はこれらの不正は、ソ連側に開発が順調に進んでいると見せかけ、牽制するプロパガンダのために行われていましたが、のちにそれは、予算獲得や研究の継続のために成果を捏造するといった、（国民を騙す）内向きの理屈にすり替わっていったとも言われています。

《三》英・仏・中・イスラエル・インドの核開発

米ソの核開発競争について述べてきましたが、すぐにイギリス、フランス、中国、イスラエルなどが後を追い核開発に成功しました。

【一】イギリスの核開発

もともとマンハッタン計画に参加していたイギリスは、一九五二年一〇月三日、オーストラリアの西海岸のモンテベロ島で、ハリケーン作戦のコードネームの原爆実験に成功しました。この原爆はほとんど長崎に落とされた原爆ファットマンのコピーでした。イギリスの核開発の目的は、ソ連に対する抑止力という観点からでした。

一九五四年四月、ビッカース・ヴァリアント爆撃機を装備した第一三二一飛行小隊がウィタリング基地に編成され、核兵器ブルーダニューブが実戦配備されました（五八発、生産されていました）。

原爆開発に引き続いて水爆開発も行われ、一九五七年五月一五日、太平洋のクリスマス島で水爆実験が行われました。

一九五七年一月、エジプトのナセル大統領がスエズ運河の国有化を宣言したとき、フランス、イスラエルと共同出兵し、これを阻止しようとしましたが、米ソに阻まれ失敗しました。このスエズ出兵でイーデン首相は辞任に追い込まれ、後任のマクミラン首相は、スエズ戦争で深めたアメリカとの溝の修復に努め、一九五七年三月英領バーミューダでアイゼンハワーと会談し、アメリカによる中距離核ミサイル・ソーアの配備と共同管理で合意し、関係修復を図りました。以後イギリスは核ミサイルに関してはアメリカとの共同管理に踏み切りました。

イギリスは現在、四隻のヴァンガード級原子力潜水艦に装備されたトライデント・ミサイル・システムを保持しています。外洋に一隻の潜水艦を出撃させている間、残りの三隻はそれぞれ待機、修理、訓練でシフトし、絶えることのない核抑止力を維持しています。

また、それぞれの潜水艦はトライデント弾道ミサイル一六基を搭載でき、ミサイル一基あたり最大一二発の核弾頭を内包できるので、潜水艦一隻あたり一九二発の核弾頭を搭載することが可能です。しかし、イギリス政府は一九九八年に潜水艦一隻あたり核弾頭四八発までと制限を設けることにしましたので、ミサイル一基あたり平均三発の核弾頭であることになります。

イギリスの核ドクトリンについては、「イギリスの核抑止力の将来」という二〇〇六年一二月の白書で述べています。近い将来におけるイギリスや同盟国への直接的な戦略的脅威の再出現に備える必要はないとしながらも、国際安全保障環境は予測不可能であり二〇二〇年代においても潜水艦発射弾道ミサイルに基づく独自の核抑止力を保持するとしています。

二〇二一年三月一六日、イギリス政府は、保有する核弾頭数の上限の目標をそれまでの一八〇発から二六〇発に引き上げると発表しました。「自国と同盟国を守るには、最低限の独立した核抑止力の確保が必要であり、それが理由だ」と強調しました（東西冷戦ピーク時には五〇〇発でした）。

【二】フランスの核開発

一九五六年、西ドイツの再軍備とスエズ動乱の失敗を受けて、ギー・モレ首相は原爆実験と核融合研究の実施を決定しました。これにより同年一一月三〇日に原子力庁、国防省、財政経済省間で協定を結び、核兵器開発の推進、核センターの創設、アイソトープ分離工場の建設が決定されました。

一九五八年一二月五日、ポール・エリー参謀総長を長とする原子力軍事応用委員会が発足し、核兵器研究開発群が創設されました。同年中には、イスラエルとの間で原子力開発の秘密協定が結ばれ、ディモナに原子炉を建設することが合意されました（ディモナは、イスラエルの死海の西三五キロメートルにある都市で、ネゲヴ砂漠の只中に位置します。原子爆弾製造の疑いがあるイスラエルのネゲヴ原子力研究センターが近くにあります）。

フランス初の核実験は一九六〇年二月一三日、サハラ砂漠のマリ共和国国境に近いレッガヌにあるサハラ軍実験センターで実施され、プルトニウム型実験弾頭の爆発に成功しました。イスラエルの科学者が同席し、事実上イスラエルとの共同実験でした。この第一回実験にまで要した経費は総額三億六〇〇〇万ドルとされます。また、一九六八年に水爆実験に成功しました。

ド・ゴール政権の下、対米追従から脱却を図るための独自外交を推し進めるフランスにとり核兵器は外交姿勢上の担保となりました。

フランスは部分的核実験禁止条約を批准しないで、米英ソに遅れていた核兵器技術を進めるために、核実験を継続しました。しかし、一九九六年一月二八日に当時のシラク大統領は、「フランスはこれ以上の核実験は行わない」と発言、同年九月に国連総会にて採択された包括的核実験禁止条約に調印しました。

冷戦後、フランスは一七五発の核弾頭を削減し、弾道ミサイル原子力潜水艦と中距離空対地ミサイルの更新に合わせてそれらの核弾頭も更新しました。

二〇〇八年三月二一日には、サルコジ大統領がフランスの核兵器保有量を三分の一に削減するとしました。これによりフランスの核弾頭保有量は三〇〇発以下となりました。

二〇〇九年三月の戦略ミサイル搭載原子力潜水艦ＳＳＢＮ「ル・テリブル」の進水式でサルコジ大統領は、「核戦力について、核拡散などのリスクが存在するなかで死活的利益を侵す国家からの攻撃に対してフランスを究極的に守るものとして」核兵器を保有すると語りました。

【三】中国の核開発

毛沢東はアメリカによる日本への原子爆弾投下以来、原子爆弾を持ちたいと強く願い続けたと言われています。朝鮮戦争中にアメリカから核攻撃を暗示された際に毛沢東はスターリンに原爆製造技術供与を要請しましたが、スターリンは拒否しました。

一九五四年七月に中国は台湾侵攻を開始し、九月三日には金門島に砲撃を開始しましたが（台湾海峡危機）、これは再びアメリカとの対立を作ることで、ソ連に原爆製造技術を要請するためでした。一〇月一日にソ連のフルシチョフが訪中し、このとき毛沢東が原爆について強く要請し、ソ連側は中国の原子炉建設援助を不承不承《ふしょうぶしょう》ながら承諾し、一九五五年四月にサイクロトロンと原子炉を中国のために建設することに同意しました。毛沢東はこの年に「核開発一二ヶ年計画」を策定しました。

一九五六年一〇月八日、赤狩りによってアメリカから国外退去となった銭学森を所長として国防部第五研究所（現：中国運載火箭技術研究院）が設立され、中国初の弾道ミサイルの開発を始め、計画は一九五八年三月一日に「中国航空宇宙の一二ヶ年計画」として承認されました。

毛沢東は表では「原爆など張子の虎」だと言っていましたが、核ミサイル開発を急がせました。一九五八年八月二三日には再び台湾を攻撃し、第二次台湾海峡危機となりましたが、これは原子力潜水艦関連の技術をソ連に供与させることが目的だったとされ、一九五九年二月にソ連は原子力潜水艦関連の技術供与を承諾しました。

その後、中ソ論争が始まり、相互不信感が高まり、フルシチョフは一九五九年六月二〇日には中国への原爆関連の援助を中止しました。その後、中ソ論争は激化し、フルシチョフは一九六〇年六月二一日のブカレスト会議後に、一〇〇〇人以上のソ連人顧問を中国から帰国させ、すべての援助停止を行いました。

ソ連の専門家が中国を離れたわずか一七日後の一九六〇年九月一〇日、中国はR-2ロケットの打ち上げに成功しました。その二ヶ月後、中国の短距離弾道ミサイル東風一号の初の打ち上げが一九六〇年一一月五日に行われ成功しました（つまり、ここまでは核もミサイルもソ連の技術の「模倣・伝播」だったのです）。

ソ連からの技術援助が打ち切られた後は、一九六〇年代初頭に設立した第九学会（北西核兵器研究設計学会）により、核兵器の開発が進められました。

一九六二年三月二一日には準中距離弾道ミサイル東風二号が初めて試射されましたが、失敗しました。

一九六四年一〇月一六日、新疆ウイグル自治区のロプノール湖の核実験場で原爆実験に成功しました。また、一九六七年六月一七日に初の水爆実験が行われ、成功しました。原爆開発からわずか三二ヶ月で水爆を開発したこととなり、最速の水爆開発速度でした。

一九九六年までに核実験が四五回にわたり実施されました。それらのうち一九八〇年までに行われた核実験は、地下核実験ではなく地上で爆発させました。そのため、新疆ウイグル自治区（東トルキスタン）の広い範囲の土地が放射能で汚染され、現地に住む人間も被害を受けたと言われています。

一九八〇年一〇月一六日に最後の大気圏内核実験が行われ、一九九六年七月二九日に最後の地下核実験が行われました。その後、中国は一九九六年に包括的核実験禁止条約（ＣＴＢＴ）に署名しました（しかし、批准はしていません。また、ＣＴＢＴは、発効していません）。

中国の現有の核戦力がどれくらいかは、核拡散防止条約（ＮＰＴ）が認める公式の核兵器保有国五ヶ国の中でも中国だけは保有する核弾頭や核ミサイルの数を秘密にしたままなので、よくわかりません。アメリカ科学者連盟の予想によれば、中国は二〇〇九年に一八〇発の戦略核弾頭を含む合計二四〇発の核弾頭を保有していて、ＮＰＴの核保有国五ヶ国中少ない方から二番目となっています。

アメリカ国防総省の二〇一〇年の発表では戦略核、戦術核のすべてを含めた中国の核弾頭保有を三〇〇～四〇〇発以上と推定しています。イギリスの国際戦略研究所（ＩＩＳＳ）の二〇一〇年の報告は、アメリカなどに届く核弾頭用の大陸間弾道ミサイルを中心とする中国の長距離戦略核ミサイルは合計九〇基ほどだと算定しています。そのほか中距離や短距離の核ミサイルも多数あります。いずれにしても、中国の経済発展、国防費の急上昇を考えますと、将来的に中国は米ロの核ミサイル大国のレベルに達するでしょう。

核運搬技術については、中国はソ連から提供されたR−2（SS−2）をもとに弾道ミサイルの開発を進め、一九六四年に核実験に成功すると核弾頭装備の東風二号が一九六六年から配備され、大韓民国や日本を攻撃する能力を得ました。続く東風三号でグアム、東風四号でハワイ、東風五号でついに中国西部から北米を攻撃する能力を得ました。東風三号は一九八八年に通常弾頭に変更されてサウジアラビアに売却されました。

東風五号（DF−5、ICBM）は、中国が開発した核弾頭搭載可能な大陸間弾道ミサイルで中国人民解放軍の第二砲兵部隊で運用されています。三段式の液体燃料ロケットで、単弾頭搭載です。二〇〇〇年代の配備数は二〇発と推測されています。一九七〇年代より開発が進められ、一九八〇年代初頭より配備につきました。

改良型のDF−5Aが開発され、更新されています。ミサイルサイロ配備となっています。アメリカ国防総省の推測では射程は一万三〇〇〇キロメートル以上で北アメリカ大陸全域を射程におさめる能力を持つとされています。MIRV化（多弾頭化）技術の開発が推測されていますが実用化は確認されていません。ＤＦ－５の技術は人工衛星打ち上げロケットの開発につながっています。

配備中の巨浪一号（ＪＬ－１）は、準中距離弾の潜水艦発射弾道ミサイルで、射程が二〇〇〇キロメートル台の単弾頭で、ハワイ以東に進出せねばアメリカ本土を攻撃できず、射点到着前に撃沈される可能性大でアメリカに対する核戦力としてはあまり有効でないものでした。

巨浪二号（ＪＬ－２）は、一九八〇年代中頃より開発が開始された潜水艦発射弾道ミサイルで大陸間弾道ミサイルＤＦ－31（東風三一号）の潜水艦発射型であり、基本部分は共通です。三段式の固体燃料ロケットで、晋型原子力潜水艦（０９４型）に一二基搭載されます。弾頭は三個以上のＭＩＲＶと推測されています。このＪＬ－２は射程が八〇〇〇キロメートル以上と推測されており、中国近海からアメリカ本土を核攻撃できる能力を持つことになります。これで中国近海から全米が狙えるので、最近、中国潜水艦がひんぱんに西太平洋へ出没するようになったことがわかります。

最近明らかになった開発状況からわかったことでは、ＪＬ－１の発射試験を行ったゴルフ級潜水艦がＪＬ－２の発射実験を担当し、一九九九年にはＪＬ－２を発射するための改装を施され、ＪＬ‐2の最初の試射は二〇〇二年八月に行われました。これは水中発射で到達射程は六〇〇〇キロメートルでした。アメリカ国防総省の推測では二〇〇九年以降に作戦能力を獲得しました。このように中国は急速に米ロ並の核戦力にキャッチアップしつつあります。

二〇一九年一〇月一日、習近平政権は、建国七〇周年を迎え、北京の天安門前広場で記念式典と大規模な軍事パレードを行いました。そこに登場した新兵器を述べますと以下の通りになります。

●ＤＦ‐41――初公開の新型大陸間弾道ミサイル（ＩＣＢＭ）で最大射程一万二〇〇〇キロメートル以上と推定され、アメリカの首都ワシントンに届きます。命中精度が高く、別々に誘導できる約一〇個の弾頭を積めるのが特徴です。

●ＤＦ‐28――アメリカ領グアムを射程にとらえ、「グアム・キラー」と呼ばれる最新鋭の中距離弾道ミサイルです。

●ＤＦ‐17――極超音速兵器を搭載する中距離弾道ミサイルで音速の五倍以上（今までは三・五）で低空を飛行します。実戦配備されれば、世界で初となります。

●ＤＦ‐100――これまで存在が知られていなかった極超音速巡航ミサイルも公開されま

した。

最新鋭ステルス戦闘機Ｊ（殲《せん》）20やステルス無人機ＣＨ（彩虹）7のほか、無人偵察機なども登場しました。アメリカ軍やその同盟国軍のレーダー網を突破して攻撃することを狙っています。

中国軍がこうして技術強化を図る背景には、台湾統一という目標があるからです。習近平主席は在任中の台湾問題解決を目指していると言われています。いずれの新型ミサイルもアメリカや日本の防衛システムでは迎撃することは難しいと考えられています。アメリカ軍の空母や基地を攻撃する能力が急速に高まっていると考えられています。

【四】イスラエルの核開発

イスラエルは、現在も、核兵器の「保有を認めも否定もしない」曖昧戦略と呼ばれる方針を採っていますが、実際には一九六〇年代に核兵器開発を行ったようですから、フランス、中国に次いで核兵器を保有したようです。

ベングリオン首相のときから開発

イスラエルの原爆開発は、初代イスラエル首相のベングリオンにまでさかのぼると言われています。ベングリオンは、一九五四年一二月、「国家の資源を科学の発展に充てなければならない。究極の安全保障はそれによるのだろう。これ以上は話せないが、イスラエル国民の命を救う最終的手段になりうる」と演説しました。

一九五三年一二月にアイゼンハワー大統領が国連で「平和のための原子力計画」を提唱し、「平和目的」の原子炉を入手できる見通しがたつと、ベングリオンはアメリカから提供された原子炉をテルアビブ南方のソレク原子力研究センターに設置しましたが、その研究用軽水炉では規模や管理の厳重さから核兵器開発にはなりえないことがわかりました。

ベングリオンは、一九五六年のスエズ出兵前後から武器購入で関係を深めたフランスから極秘に原子炉の提供を受ける交渉を開始し取引を成功させました（当時二九歳だった国防次官のペレスが交渉をしました）。

フランスとの核開発密約

一九五七年一〇月三日、フランスの対イスラエル原子力協力に関する極秘の政治文書と技術文書が両国間で署名され、ディモナ近郊の砂漠の都市ベエルシェバはフランスの科学技術者や労働者であふれ、最盛期には約二五〇〇人のフランス人家族が居住し、フレンチ・スクールもできました。

フランスの核開発で述べましたように、フランス初の核実験は一九六〇年二月一三日、サハラ砂漠のマリ共和国国境に近いレッガヌにあるサハラ軍実験センターで実施され、プルトニウム型実験弾頭の爆発は成功しました。フランスの核開発にはイスラエルのコンピュータ技術が活用され、この核実験には、イスラエルの科学者が同席し、事実上イスラエルとの共同実験でした。

一九五八年一二月から、ドゴール大統領の第五共和制が始まりましたが、ドゴールは一九六〇年五月、ディモナでの兵器転用可能なプルトニウムの生産禁止、平和利用目的であるとの公式宣言、国際査察の受け入れをイスラエルに求めました。

一九六三年にフランスとイスラエルは共同で核実験を南西太平洋、ニュー・カレドニア島の沖で実施しました。フランス企業がディモナの地下深く掘られた巨大な再処理施設の工事現場から最終的に引き上げたのは一九六五年六月でした。その頃、イスラエルは、すでに原爆製造の一歩手前まで達していました。

南アフリカと秘密の核開発

フランスと入れ替わりで登場してきたのが南アフリカで、一九六八年に両国は核開発に関して協力することで合意し、イスラエルは南アフリカからウランを入手するかわりに核技術や兵器を提供しました。

一九七七年八月、ソ連のブレジネフ書記長がカーター大統領に対し、カラハリ砂漠で南アフリカが核実験を準備している証拠をコスモス衛星がつかんだと警告、この実験は米ソなどの圧力で中止になりました。

一九七九年九月二二日、アメリカのベラ衛星が南インド洋、南アフリカの近くで（南極大陸沖プリンス・エドワード諸島付近）強い閃光を観測、ＣＩＡやＤＩＡ（アメリカ国防情報局）は「九〇％以上の確率で核爆発だ」と判断しましたが、当時のカーター政権は公表しませんでした。

一九八六年一〇月、イギリスのサンデー・タイムズ紙が、一九七七年から約八年の間、イスラエルの核兵器開発に携わったモルデハイ・バヌヌの証言を写真付きで報じ、閃光は核兵器由来のものであり、南アフリカ共和国とイスラエルの共同核実験によるものだったと証言しました。このようにイスラエルの核開発は紆余曲折ありましたが、遂に成功しました（当時の技術では、最終的に爆発実験による確認が必要でした。後述しますように南アフリカは核爆発実験に成功し、実際、原爆を持ちましたが、後に自発的に核放棄しました。この例でわかるように、核開発を目論む国同士がお互いの弱点を補えば、早く目標を達成できるということです。後にパキスタンと北朝鮮がこれをやりました）。

ケネディ大統領の査察要求

話は少しさかのぼりますが、アメリカがイスラエルの核開発に気づいたのは一九五八年のことでした。ＣＩＡが飛ばした偵察機Ｕ－２がネゲブ砂漠のディモナ近くで建設中の施設を発見しました（のちに、施設はフランスとの秘密協定に基づいて建設された二万四〇〇〇キロワットの原子炉だということが判明しました）。

イスラエルの核開発疑惑に関する最初期の報道は、一九六〇年一二月一九日付ニューヨークタイムズの記事「イスラエルが原爆の潜在力を開発中」で、アメリカ政府がイスラエルのディモナ原子炉に懸念を抱いているという記事でした。この記事は、アメリカの上下両院合同原子力委員会が同月九日に開いた秘密会で、ＣＩＡと国務省の高官が明らかにした情報に基づき書かれていました。

一九六一年一月に就任した民主党のケネディ大統領は、就任前日の一月一九日、アイゼンハワー大統領との引継ぎに臨んだ際、同席したハーター国務長官は、イスラエルが保有する原子炉は一九六〇年までに兵器用プルトニウム九〇キログラムを生産する能力があると伝え、査察要求を続けるべきだと助言しました。

ケネディは、一九六一年五月二〇日、米原子力委員会の科学者に査察目的でディモナを初訪問させ、訪問日から一〇日後の一九六一年五月三〇日、ケネディとベングリオンは、ニューヨークのホテルで会談し、ベングリオンは水資源の乏しいイスラエルでは海水の淡水化事業に原子力エネルギーが必要だと強調しました。

一九六二年一〇月のキューバ危機を経験したケネディ大統領は、核兵器不拡散の決意をさらに強固にし、一九六三年三月二五日、ラスク国務長官にイスラエルの核開発計画を抑制する措置を講じるよう指示しました。アメリカはベングリオンにディモナ訪問を年二回五月と一一月に実施したいとケネディの要求を伝えました。

ベングリオンは、一九六三年四月五日と五月一二日に二回、ケネディに長文の書簡を送り、イスラエルの安全保障についての悲観的な見通しへの理解を求めました。

しかし、ケネディは五月一八日の書簡で、定期的なディモナ訪問の実現を迫り、「イスラエルが核兵器能力を保有したと仮定した場合、アラブ諸国がソ連への支援要請を控えると想像するのは困難である」と記し、核兵器の保有だけでなく、核兵器能力の保有もイスラエルに認めない方針を明らかにしました。

　ケネディは一九六三年一一月二二日にテキサス州ダラスで暗殺され（暗殺団はいまも不明です）、ジョンソン副大統領が大統領に就任しましたが、ジョンソンは核不拡散問題にケネディほど情熱を持っていませんでした。また、大統領選挙が一年以内に迫っていたジョンソンは、民主党の伝統的支持基盤であるユダヤ系有権者、特に大口献金者への配慮が必要でした。イスラエルのエシュコル政権は、米科学者のディモナ「査察」の遅延策や情報隠蔽と欺瞞《ぎまん》による査察骨抜きに全力を挙げました。

第三次中東戦争の前に核兵器を完成させたイスラエル

　最近わかったことですが、一九六七年の第三次中東戦争前にイスラエルは原爆を二ないし三発完成させた可能性が極めて高いと見られています。一九六六年一一月二日にネゲブ砂漠の地下でコールド・テストと呼ばれる極めて小規模な核実験を実施したと言われています。

一九六七年五月一七日、エジプト空軍のソ連製ミグ21戦闘機二機が東方のヨルダン領側から高高度でイスラエル領空に侵入し、ディモナ上空を飛行後、シナイ半島側に飛び去りました。五月二六日、エジプト空軍機がディモナに二度目の偵察飛行を行いました。

イスラエルのエシュコル首相はジョンソン政権にエジプトのナセル大統領に警告するよう依頼しました。エジプトのナセル大統領は五月二七日朝に攻撃するよう命令を出していましたが、ジョンソン大統領が五月二六日に攻撃は自殺行為であると警告し、エジプトの後ろ盾であったソ連もナセルに思いとどまるよう働きかけたと見られています。

イスラエルは五月二八日に原爆を初めて製造し、シナイ半島東部の無人地帯で核爆弾を示威目的で爆発させる緊急計画「サムソン作戦」の準備を始めました。

一九六七年六月一日、ダヤン元参謀総長がエシュコル首相が兼務していた国防相に就任しました。ダヤンはサムソン作戦を実施しないで、一九六七年六月五日朝、イスラエル空軍約二〇〇機によるシナイ半島のエジプト空軍基地に対する奇襲攻撃によって、エジプト軍機約三〇〇機を壊滅させました。この第三次中東戦争は六日間で勝負がつき、六日戦争とも言われ、イスラエルの大勝利で終わりました。

イスラエルの核曖昧戦略を認めたニクソン大統領

一九六九年一月ニクソンが大統領、キッシンジャーが大統領補佐官（国家安全保障担当）に就任しました。イスラエルでもエシュコル首相が二月二六日に死亡し、女性のメイア外相が首相に就任しました。

イスラエルのメイア首相は訪米し、一九六九年九月二六日夜、ニクソンとメイアとでホワイトハウスの庭を散策して両者の間に「個人的了解」がなりましたが、その内容は不明です。帰国後、メイアは閣議で、ニクソンが散策中「危険なおもちゃ」を持っているかと話しかけ、核兵器のことだと告げました。メイアは肯定しました。ニクソンは去り際に「注意するように」と付け加えたと述べたということです。メイア首相は「核爆弾をいくつ持っているかと聞かれなくて幸運だった」とも閣議で述べたそうです。

ニクソン大統領は、イスラエルが核実験をせず、核兵器保有を公言しないとの誓約を守る限り、アメリカはイスラエルに核廃棄やＮＰＴ加盟の圧力をかけないことを了承したと考えられています（ケネディとニクソン、アメリカ大統領でもこれほどの差があることを人類は知っておくべきです）。

イスラエルの核保有数

イスラエルが実際に何発の核弾頭を持っているのかは不明です。

イスラエルのイツァク・シャミール首相の特別情報顧問を務めた経歴を持つアリ・ベンメナシェによると一九八一年の時点で三〇〇発以上、そしてジミー・カーター元米大統領は一五〇発だと推測していました。堅めにみて百数十、おそらく数百発は持っていると言われていました。当時、一万発以上のアメリカやロシアは別として、イギリス、フランス、あるいは中国と同じ程度は持っている可能性があると言われていました。

イスラエルもインド、パキスタンなどと同じように、ＮＰＴを批准していません。これまで述べたように、国際社会から核兵器保有はほぼ確実視されていますが、公式には核保有に関しては肯定も否定もしない核曖昧政策を取っています。

【五】インドの核開発

インドの原子力研究は、インドのタタ財閥の一族である物理学者ホーミ・Ｊ・バーバーが一九四五年にタタ基礎研究所を開設したときから開始されました。一九五七年には国際原子力機関に加盟し、アメリカやカナダなどの協力を得て、原子力開発を進めました。

一九六二年の中印国境紛争及び一九六四年の中国の核実験成功、一九六五年の第二次印パ戦争は、インドに核兵器への関心を抱かせました。インドは核拡散防止条約（ＮＰＴ）を不平等条約として、署名していませんが、公然とした核兵器開発は制裁の恐れもあり、平和目的（原発）の技術開発の一環と偽って密かに核開発研究を行いました。

核実験装置の開発責任者は、ラジャ・ラマナであり、機密保持のため、開発チームは七五人ほどの科学者・技術者で構成されていました。また、ソビエト連邦のドゥブナ（ソ連の科学都市であり、ドゥブナ合同原子核研究所があります）に開発に携わる科学者を送り、プルトニウム工場建設に役立てました。

高性能爆薬による爆縮装置は、アメリカが第二次世界大戦中に開発したものを基に、インドのチャンディーガルにある終末弾道学研究所で開発されました。実験に必要な核物質については、バーバー原子核研究センターにある原子炉により六キログラムのプルトニウムが生産されました。プルトニウム生産に用いられたＣＡＮＤＵ《キャンドゥ》炉は、カナダによって提供された重水減速型天然ウラン燃料の原子炉であり、そこで使用した重水はアメリカから供給されていました。インドは回収された使用済み核燃料を再処理してプルトニウムを入手しました（インドの核実験後は、カナダ国民の抗議を引き起こし、カナダ政府は核関連技術の提供を中止しました）。

インドの核実験は、一九七四年五月一八日に初めて行われました。実験装置は、ラージャスターン州の砂漠にあるポカラン試験場に運ばれ、実験が行われました。地下一〇七メートルに設置された実験装置は、直径一・二五メートル、重さ一四〇〇キログラムの六角形でした。午前八時五分に起爆し、爆発威力は公式には二〇キロトンとされ、少なくとも八キロトンを上回っていたことは確実でした。

インドはこの核実験を敢行したことにより国際社会から非難の矢面に立たされ、カナダやアメリカは関連機器の輸出規制や技術協力の停止を行いました。日本政府は、実験に対し非難決議を行いました。

この実験以降、インドは核兵器開発能力を有するが、核兵器を保持しないことを政策とするとしました。しかし、緊張状態にあるパキスタンにとっては、インドの軍事力強化とうつったのは当然でした。インドが単なる抑止力と考えていても、このときより、パキスタンは核兵器開発を進めました。インドでも一九八八年頃より再び核兵器開発が加速することとなりました。このように抑止力と思っても、必ず周辺国は脅威を感じて対抗策を模索するものです。

《四》冷戦後に新たに核兵器を保有した国

【二】インドの核開発（続き）

インドの核実験は、一九七四年五月一八日に初めて行われましたが、それ以降二四年間、インド政府は、核実験を行いませんでした。インドは、隣国の中国が核保有国であるという核不拡散条約（ＮＰＴ）体制の不平等性に不満を持っていましたが、一九九六年にインドにとって核兵器開発をさらに阻害する包括的核実験禁止条約（ＣＴＢＴ）が成立するとインドの危機感は高まりました。

一九九八年に入り、インドの安全保障政策について強硬な態度をとるインド人民党のバジパイ政権が成立し、またパキスタンが弾道ミサイルの発射実験を行うなど、印パ双方で緊張が高まってきました。そのため、インドは、一九九八年五月に再び核実験を実施しました。対抗して直ちにパキスタンも核実験（一九九八年五月）を行いました。

このインドの二回目の核実験は、一九七四年と同じくラジャスタン州のタール砂漠にあるポカラン試験場で行われ、全ては地下で行われました。実験は水素爆弾を含み、五月一一日に三回、五月一三日に二回行ったとインド政府は発表しました。爆発の最大規模は地震計により最大一二キロトンと推定されています。実験装置はバーバー原子核研究センターを中心に製造され、必要なプルトニウムはインド国内で生産されたと見られています。インドはこれ以降、核兵器を装備し、核による最小限の抑止を安全保障ドクトリンとして採用することとなりました。

インドの核実験後、国際連合、国際原子力機関が非難声明を出しましたが、そもそもインドもパキスタンも核不拡散条約（ＮＰＴ）、包括的核実験禁止条約（ＣＴＢＴ）に署名しておらず、国際的な核実験禁止制限が課せられていない状態でした。

長崎大学核兵器廃絶研究センターによりますと、二〇一八年五月現在、インドの保有核弾頭総数は一二〇～一三〇発と推定されています。インドの核兵器はプルトニウム型と見られ、二〇一六年末現在、兵器級プルトニウムを約五八〇キログラム保有しています。核爆弾一発の製造には（技術レベルなどにも影響されますが）四～六キロのプルトニウムが必要であることから、これは核弾頭およそ九七～一四五発分に相当します。しかし技術力が高ければ、一四五～二九〇発に相当する量となります。

インドはアメリカ、ロシアと同じように核兵器の三本柱の構築を目指し、核開発を続けています。現在、運用されているシステムは陸上発射の弾道ミサイルが四種類、海洋発射の弾道ミサイルが一種類、航空機二種類であり、開発中のシステムが少なくとも四種類(陸上発射二種類、海洋発射二種類)あります。

インド軍には今日、「アグニ」シリーズの四つの型のミサイルが配備されています(アグニはインド神話の火神)。このうち、「アグニ1」は射程距離が七〇〇キロメートル、「アグニ2」は同二〇〇〇キロメートル、「アグニ3」と「アグニ4」は同二五〇〇~三五〇〇キロメートルです。射程距離が五〇〇〇キロメートルを超える「アグニ5」(二〇一二年に実験成功。射程五五〇〇~五八〇〇キロメートル)は、現在行われている複数の実験の後に配備されるとみられています。

そのほか、最大射程距離が一万キロメートルで潜水艦から発射可能なミサイル「アグニ6」も現在、開発が行われています。またインドは国産の戦略弾道ミサイル搭載原子力潜水艦を四隻建造する計画であり、二〇一六年八月に一隻目のアリハントが就役したと見られています。現在、二隻目が艤装工事中であり、三隻目が着手されています。

【二】パキスタンの核開発

パキスタンは独立以来、カシミールをめぐってインドと対立し、三回の戦争をしました。一九六三年、アリ・ブットーが外務大臣に就任したときから、インドに対抗して核兵器開発計画は始まったと言われています。一九七〇年にＮＰＴが発効しましたが、インドは参加を拒否し、パキスタンもインドにならって参加を拒否しました。

一九七二年にブットーが首相に就任すると、パキスタン政府はフランスとの間で再処理施設の契約を成立させ、ついで米、英、仏、カナダなどにいた多くのパキスタン出身の原子力科学者を呼び戻しました。

パキスタンがまず再処理施設の建設から原子力計画を始めたことは、世界の疑惑を招き、アメリカはパキスタンへの武器援助と引き替えに再処理施設建設を断念するよう、国際原子力機構（ＩＡＥＡ）の査察を受け入れるよう説得しましたが、ブットーは拒否しました。アメリカは経済援助の停止などを行いましたが、パキスタンは核開発を進めました。

一九七四年にインドが初の核実験を行いましたので、パキスタンの核兵器開発への動きはいっそう加速されました。パキスタンの核兵器の保有も時間の問題と懸念されていたとき、フランスが再処理施設の契約破棄に動き、パキスタンは直ちにウラン濃縮へと方向転換しました。このとき大きな役割を果たしたのがアブドゥル・カディール・カーン博士で、博士によれば、一九七六年、ブットー首相と毛沢東の合意から中国との核開発協力が始まり、核兵器の設計図（のちにリビアへの査察でも確認されました）と遠心分離機やウランは中国から提供されたということです（このように核保有国を中心に同盟国が形成されると核技術が流れる可能性が高くなります）。ブットーは一九七七年七月のクーデターで失脚しましたが（一九七九年に処刑されました）、替わって政権を担ったムハンマド・ジア＝ウル＝ハク大統領は核開発を引き継ぎました。

欧米先進国から資機材を「繊維工場用」として輸入

カーン博士は、パキスタンで生まれ、大学卒業後、ヨーロッパに渡り、一九七〇年にオランダのウラン濃縮の遠心分離プラント会社のウレンコ社（英、西独、オランダ共同出資）に就職し、このときウラン濃縮施設建設に必要な様々な材料や装置を、別々の会社から買い付けるショッピング・リストをまとめたと言われています。

カーン博士は一九七六年に帰国し、パキスタンの核開発の責任者となりました。このとき、ウレンコの技術も持ち帰りました（このように先進国で個人的に核技術につながる高度な技術を大学や企業で意識的に学んだり、取得して帰国してその国の核開発に尽力する者が出てくる可能性は今後もあります）。

一九七八年、パキスタン政府は必要なあらゆる資材を「繊維工場用」という名目で、西ドイツ、オランダ、英、ベルギー、スイス、日本、アメリカから買い集めました。カーン博士はこうした部品を使って核兵器の開発を進めると同時に、核技術の地下ネットワーク（核闇市場）の構築に力を注ぎ、パキスタンだけでなく、リビア、北朝鮮、イランにも核兵器の製造技術を密売し、核拡散を進めました。このようにして、一九九八年、カーン博士はパキスタンの核実験を成功させ、パキスタンで「核開発の父」と言われました（今後、相互に得意核技術、核部品、核ソフト、核ノウハウを地下ネットワークでやりとりすれば、より速く目的達成できるようになるでしょう）。

パキスタンの核実験

パキスタンは一九九八年五月、インドの核実験再開に合わせて核実験を成功させ、七番目の核保有国となりました（実際には前述しましたようにイスラエルが先でした）。

パキスタンの核実験は、インドのシャクティ実験（一九九八年五月一一日と一三日に計五回実施）に対抗し、一九九八年五月二八日と三〇日にパキスタンのバローチスターン州チャガイ地区の丘陵の地下で五回行われました。ナワーズ・シャリーフ首相（当時）は国営テレビＰＴＶを通じて実験の成功を発表し、実験の映像も公表しました。総出力は四〇キロトンでした。

二〇〇四年二月二七日、ニューヨーク・タイムズ誌は「パキスタンの核実験の際、アメリカの偵察機が大気中のサンプルを採取し、当時のパキスタンの核開発にはまだ存在しないと考えられたプルトニウムを検出しました。これは北朝鮮由来のプルトニウム型原子爆弾を、パキスタン国内で爆破実験をした疑いがある」と報じました。

　パキスタンは保有する核爆弾の全てが高濃縮ウラン型であると公言していました。一方、北朝鮮の核開発はプルトニウム型です。パキスタンは北朝鮮から弾道ミサイル「ノドン」を購入しており、「ガウリ」という名前の弾道ミサイルにしています。こうした事実により、五月三〇日の核実験は北朝鮮が保有する核爆弾の代理実験であったのではないかと推察されています（北朝鮮は二〇〇六年にはじめて核実験に成功しています。いずれにしても核を保有しようとする国が闇で連携する可能性は十分ありうることです）。

二〇一二年五月一七日、ＮＨＫは『北朝鮮　核実験強行の可能性とその戦略』という特集を組みましたが、その中で米英の情報機関らは北朝鮮が一九九八年にパキスタンに代理核実験を依頼し、実行した可能性が高いと認識していると報じました。

パキスタンの核戦略

二〇一九年五月現在、パキスタンの保有核弾頭総数は一四〇～一五〇発と推定されています。同国の核弾頭数はさらなる増加傾向にあり、二〇二五年には現在のイギリスの保有数を超える二二〇から二五〇発に達するとの見通しもあります（二〇二一年三月、イギリス政府は核弾頭数を一八〇発から二六〇発に上げると発表しました）。

パキスタンは核弾頭搭載可能な運搬手段の開発ならびに配備にも邁進しています。現在、同国は核弾頭搭載可能な地上発射の弾道ミサイルを八種類（短距離五種類、準中距離三種類）を配備し、一種類の弾道ミサイルを開発中と見られます。さらに核／非核弾頭搭載可能な巡航ミサイルの開発も精力的に続けています。すでに陸上発射型のバブール1が配備されており、これを基に射程を伸ばした対地／対艦用巡航ミサイル、さらに潜水艦発射型巡航ミサイルのテストが繰り返されています。

このように、パキスタンは、従前の戦略核に加えて短射程の戦術核兵器の開発にも力を入れています。これは、非核戦力において軍事的優位にある隣国インドへの対抗を主目的に、「いかなる形態の攻撃にも対応する『フルスペクトラムの抑止能力』」の確立を狙ったものであると言われています。

カーン博士の核技術の地下ネットワーク（核闇市場）

カーン博士の役割がわかった発端は、二〇〇三年にリビアのカダフィが「大量破壊兵器を廃棄する」と宣言し、ＩＡＥＡがリビアの核施設を査察したところ、国際的な核兵器技術の「ブラックマーケット」から核技術を買ったことが明らかとなったことでした。ＩＡＥＡはブラックマーケットをたどっていったところ、パキスタンに行き着きました。

また、イランがＩＡＥＡに提出した報告書の中にも、パキスタンの科学者からウラン濃縮に関する技術供与を受けたとの記述があり、その面からもカーン博士の関与が明らかとなりました。カーン博士が、北朝鮮、イラン、リビアなどにウラン濃縮技術を供与したこと、ドバイを本拠とするブラックマーケットで核技術が売買されていたことも明らかとなりました。

核技術の供与は、一九八六～八七年に始まり、九七年に、北朝鮮への供与がパキスタン治安当局によって摘発されるまで続いたと言われています。しかしこのような長期にわたる技術供与が、政府の関与なしに進められたとは信じられていません。また、カーン博士が構築した地下核ネットワークが個人でできるはずがなく、パキスタン政府の関与が疑われていますが、パキスタン政府は関与を否定しています。特に北朝鮮とは、弾道ミサイル技術とのバーター取引が行われたとされているだけに、カーン博士の個人的な責任にして、問題を最小限に抑えたいとするパキスタン政府の意図が感じられています。

カーン博士も、二〇〇四年二月四日、パキスタンのテレビ局ＰＴＶの番組に出演し、国際的な地下核ネットワークの構築に関与したことを認めました。それ以降自宅に軟禁されましたが、パキスタンのイスラマバード高裁は二〇〇九年二月六日、「核開発の父」として知られる博士の自宅軟禁を解除する決定を下しました。

また、共同通信は、一九七〇年代以降にパキスタンの核兵器開発を主導したカーン博士の証言を引用し「一九八〇年代、日本の大企業がリングマグネットと呼ばれる磁石を六〇〇〇個余りパキスタンに輸出、これは原爆原料の高濃縮ウラニウムを生産する遠心分離機の回転部分を支える部品に使用された」と明らかにしました。またカーン博士は「核に関連する研究に使用する電子顕微鏡も日本の別の企業がパキスタンに輸出した」とし「当時、日本は重要な輸入元だった」と話しました。

このように、核兵器は究極の決定的な兵器ですから、いったん核兵器を持とうと決意した国は、あらゆる抜け道を探り、核保有の道を追求し続けるのです。また、核の商業利用（原子力発電）が存在する限り、核兵器保有への道も存在し続けることを私たちは認識しなければなりません（技術は同じで濃縮度を上げればいいのですから、核兵器開発への転換は案外容易です）。

つまり、核兵器は「オール・オア・ナッシング（生存か絶滅か）」です。この世に核兵器の脅威がある限り、「俺たち五人（国）は先に開発した、お前たちはもうやるな」という論理は通用しません。核保有国が増えれば増えるほど、危険性が高まるので、さらに持とうとする国が増えます。「俺たち五人（国）もやめる（または国連管理に委ねる）、だからお前たちもやめろ」しか、核廃絶の方法はありません。

パキスタンもインド同様、ＮＰＴを一度も批准していません。批准しなくても、実質何ら問題はないからです。一時的に制裁を受けますが、ほとぼりがさめると解除されているからです。これも核保有を誘発することになります。

いずれにしても、このようにすれば、核開発はできるし、これからもそのような国や人物が出てくるでしょう。同盟国や友好国がある限り、密かに情報を流すことはいつでもありうることです。「創造と模倣・伝播の法則」が人類が進歩してきた源泉であり、過去の歴史でも戦争技術の情報はより早く伝播し、必ず同じような兵器が出現したと述べてきました。ましてや一国の命運がかかった究極兵器の情報であれば、なおさらで、伝播しないはずがありません。最貧・弱体国の優秀な人材が愛国心にかられて、グローバル世界で核技術を身に付けて帰国し、国のために尽力するということは十分ありうることです。今後は狂信的で優秀な人材が信念から先進国で核技術を身に付けてテロ組織に貢献するというようなこともありうるでしょう。

【三】北朝鮮の核開発

北朝鮮が核開発に取り組んだのは朝鮮戦争休戦後の一九五六年三月、旧ソ連との間に原子力開発に関する基本合意を行い、小規模の実験用原子炉であるＩＲＴ－二〇〇〇研究用原子炉の供与を受け、寧辺《ニョンビョン》に原子力施設を建設してからでした。北朝鮮は核兵器開発に進もうとしましたが、旧ソ連は、原子力の協力は平和利用に限定されるべきとの立場を崩しませんでした。北朝鮮はあくまで核兵器を持つことに執着し、一九六四年に原子爆弾を保有した中国に支援を要請しましたが拒否されました。

一九八二年以降、アメリカの偵察衛星が撮影し続けた写真の分析から、寧辺に新たな原子炉が建設されていることが判明し、アメリカは当時の旧ソ連に対して北朝鮮が核拡散防止条約（ＮＰＴ）に加盟するように働きかけました。結果として北朝鮮は核拡散防止条約（ＮＰＴ）に加盟することになりＩＡＥＡの監視下に置かれましたが、その後も核開発計画を進行させている疑惑がくすぶり続けました。

そして一九八六年三月、寧辺を撮影した衛星写真が、いくつかの円筒状のクレーターを撮影するに至り、これは高性能爆発実験の痕跡と判明し、原爆開発の計画を進めているとされる証拠となりました。その後、寧辺や泰川に大型黒鉛減速炉が建設されていく様子が偵察衛星から判明し、国際問題化しました。

北朝鮮が一九九三年にＩＡＥＡの査察官に対し放射性廃棄物最終処分場への立ち入りを禁止し、ＩＡＥＡとの関係が急速に悪化しました（一九九三年以降、核弾頭運搬手段となるミサイル発射実験も繰り返しました）。

北朝鮮が保有する原子力発電所の黒鉛減速炉は、核弾頭の原料となる純度の高いプルトニウムが生成されるため、アメリカを中心に北朝鮮政府に対し核開発の放棄を促しました。

しかし交渉は難航し、一九九四年にアメリカは北朝鮮の爆撃を検討、ソウルでは市民の大規模な避難が行われるなど朝鮮半島で朝鮮戦争以来の戦争の危機が高まりました。

北朝鮮政府との間で「枠組み合意」

このとき、ジミー・カーター元大統領が一九九四年六月に訪朝し金日成国家主席との交渉にあたり、北朝鮮政府は「黒鉛減速炉はあくまで発電用原子炉」と説明したため、当事者各国（アメリカ、日本、韓国、ロシア、中国）により純度の高いプルトニウムが生成されにくい発電用原子炉を提供するということで、北朝鮮政府との間で「枠組み合意」が成立しました。

この合意により北朝鮮が黒鉛減速炉の発電をストップし、その代わり建設費の三〇％を日本、七〇％を韓国の負担とし、代替軽水炉の発電所を北朝鮮に無償で建設し、完成までの間の火力発電用の重油を朝鮮半島エネルギー開発機構（ＫＥＤＯ）を通じアメリカが提供することとなりました。

その後、一九九四年七月に金日成が死去し、金正日体制のもと、北朝鮮は食糧危機が深刻になるなど混乱を深めました。

代替炉の軽水炉に対し、ＩＡＥＡにより軽水炉組み立て前からの部品の査察を行うことが義務づけられていましたが、北朝鮮政府はこの査察の開始を保留し続けました（前述しましたように、パキスタンが一九九八年五月三〇日に北朝鮮の代理核実験を行ったとする説が本当であるとすれば、カーン博士の告白のように、パキスタンの核技術が流れている疑惑もあります。これから述べますように、北朝鮮は急に強気になり二〇〇三年にＮＰＴを脱退表明しました）。

ＩＡＥＡの査察が行えない状態に陥り、原子炉の設置そのものが不可能となりました。施設の建設途中、二〇〇二年一〇月四日、北朝鮮を訪問したケリー米大統領特使に対し、北朝鮮は「核爆弾（ウラン型核爆弾のこと）の保有を行うためのウラン濃縮計画（ウラン高濃縮計画）を持っている」との発言を行いました。

これにより、ＩＡＥＡ理事会が北朝鮮の保障措置協定違反を認定し、国連安全保障理事会に報告しました。国連安全保障理事会、ＩＡＥＡなどは核兵器の開発計画を放棄するよう求めましたが北朝鮮は聞き入れませんでした。

北朝鮮は二〇〇三年一月一〇日、アメリカの軍事的脅威を理由に挙げ、核拡散防止条約第一〇条を根拠にＮＰＴからの脱退を通告しました。ＫＥＤＯは二〇〇五年一一月二二日、ニューヨークで理事会を開き、軽水炉建設事業を廃止することで合意しました。

これを受け、北朝鮮は同年一二月二〇日、「ブッシュ政権はわが国に対する軽水炉提供を放棄した」とアメリカを非難し、「わが国は五万キロワットと二〇万キロワットの黒鉛減速炉と関連施設により、独自の原子力工業を積極的に発展させる」とし、年間に核兵器五〇発分のプルトニウムを生産できる大型黒鉛炉の建設再開と、軽水炉建設によって、自衛力強化を図る意向を表明しました。

一連の核実験

そして二〇〇六年一〇月九日に地下核実験を行ったことからＮＰＴ条約上で定義された「核兵器国」以外の事実上の核保有国となりました。各国が観測した地震波からの推定によると爆発の規模はＴＮＴ換算で最小〇・五キロトン、最大で一五キロトン程度というまばらな推定でした。

引き続いて、二回目（二〇〇九年五月）、三回目（二〇一三年二月）、四回目（二〇一六年一月）、五回目（二〇一六年九月）、六回目（二〇一七年九月）と核実験を行いました。三回目の核実験にて、最大四〇キロトンという解析も出ており、強化原爆の保有あるいは水爆開発の基礎実験を行った可能性も否定できない状況となりました。そして最後の核実験について、米地質調査所はマグニチュード六・三と発表しました。北朝鮮の国営テレビ・朝鮮中央テレビは「大陸間弾道ミサイル搭載のため、水爆実験に完全成功した」と発表しました。北朝鮮による過去最大規模の核実験となりました。

保有数についてはファットマンのような初期型原爆の技術水準で二〇キロトンの出力を狙った場合、最大六個と考えられていましたが、核の闇市場からの技術流入や核実験の成果を想定した場合、インド、パキスタンのような中級技術と同程度と考えられ、その場合、二〇キロトンの出力を狙うと最大一七個保有していると考えられています。これはプルトニウムだけの想定であり、濃縮ウランを加えると、最大二三個保有していると考えられています。

北朝鮮のミサイル開発

北朝鮮は核開発と並行して、早くから核の運搬手段のミサイル開発も行っていました。一九九三年五月に準中距離弾道ミサイル「ノドン1」、一九九八年八月に中距離弾道ミサイル「テポドン1号」、二〇〇九年四月に人工衛星打ち上げ用ロケット「銀河2号」などを打ち上げ、その後も、二〇〇六年七月、二〇一二年四月、一二月、二〇一四年六月、二〇一六年二月と間断なく続きました。

北朝鮮のミサイル発射実験は、二〇一七年になると加速化し、二月一回、三月二回、四月三回、五月五回、六月一回、七月二回、八月二回、九月一回、一一月一回と繰り返され、火星12（中距離弾道ミサイル）、火星14（大陸間弾道ミサイル）、火星15（大陸間弾道ミサイル）などの発射実験が行われました。

これによって北朝鮮はアメリカ大陸に到達可能な運搬手段を完成させたと考えられています。一方、前述しましたように、北朝鮮は、二〇〇六年から二〇一七年にかけて六回核実験をしました。これら核実験とミサイル実験を総合して考えますと、北朝鮮はアメリカ大陸に到達する大陸間弾道ミサイル（ＩＣＢＭ）を完成させたと考えられています。

二〇一七年九月三日、金正恩朝鮮労働党委員長が核兵器研究所の長さ一メートルほどのひょうたんのような銀色の物体を視察している様子を配信しました。映像は、弾頭の小型化に成功し、ミサイルに積める段階に近づいていることをアピールしたものと見られます。アメリカや旧ソ連が約三〇年前に到達した地点には来たのではないかと見られています。他国からの技術情報を元に、短期間でノウハウを習得した可能性があります。

国連安全保障理事会は、北朝鮮の弾道ミサイル、ロケット発射のつど、非難決議を採択しましたが、北朝鮮に無視されました。

二〇一七年六月二日、国際連合安全保障理事会はトランプ政権では初の対北朝鮮制裁強化決議を全会一致で可決しました。決議案は五週間にわたる米中協議で合意したものであり、ロシアの賛成も得ました。その後も国連安保理の対北朝鮮制裁強化決議は八月五日、九月一一日と強化されました。

大陸間弾道ミサイル（ICBM）の発射実験に成功

二〇一七年一一月二九日未明、北朝鮮が平安南道の平城付近から弾道ミサイル「火星15」を発射し、高度四四七五キロメートル、水平距離九五〇キロメートルを飛行して日本海の日本の排他的経済水域内に着水しました。ミサイルは通常の軌道より高い軌道をとるロフテッド軌道で飛行し、北朝鮮の弾道ミサイルとしては最高となる高度約四五〇〇キロメートルに到達しましたが、仮に通常軌道で発射された場合の射程は一万三〇〇〇キロメートルであり、北朝鮮のミサイルのうち初めてアメリカ東海岸を含むアメリカ全土を射程におさめた弾道ミサイルであるとされました。

この発射後に北朝鮮は、火星15は超大型の核弾頭の搭載が可能であり「国家核戦力の完成」を宣言しました。北朝鮮がかつて思われていた以上の早さで核開発計画を進めていたことが明らかになると、トランプ大統領と金正恩との非難合戦も最高潮に達しました。

二〇一七年一二月二二日、トランプ政権と中国が協議して石油精製品輸出の九割削減や二四ヶ月以内の北朝鮮労働者の本国送還を盛り込んだ対北朝鮮制裁強化決議が議長国日本やロシアの賛成も得て国連安保理で全会一致で可決され、制裁違反の可能性がある船舶に対する臨検及び拿捕の義務化や新たな核実験やミサイル発射があればさらに北朝鮮への石油供給を制限するとの表現が初めて記載されました。ここで国連安保理で、ということは中国もロシアも賛成して、北朝鮮への最も厳しい制裁（石油の全面禁輸）が成立しました。

二〇一八年一月一日、北朝鮮の金正恩は、「アメリカ本土全域が核攻撃の射程圏内にある」と述べ、アメリカ本土を攻撃できる核弾頭を搭載した大陸間弾道ミサイル（ＩＣＢＭ）の実戦配備を宣言しました。さらに正恩氏は、核兵器やミサイルの大量生産や実戦配備を急ぐよう指示し、「核反撃態勢を常に維持すべきだ」と述べ、核を搭載した潜水艦発射弾道ミサイル（ＳＬＢＭ）の整備にも意欲を示しました。

その後、アメリカのトランプ大統領と北朝鮮最高指導者の金正恩とは、二〇一八年六月一二日にシンガポールではじめての米朝首脳会談を行いました。ついで、二〇一九年二月二七日〜二八日にかけてベトナムのハノイで第二回目、二〇一九年六月三〇日に南北境界線の板門店で第三回目の会談を行いましたが、問題解決の糸口は何ら見い出せず終わりました。以上のようなことで、結局、北朝鮮も核保有国となってしまいました。

【四】その他の核拡散問題
核兵器の世界への拡散の現状

米ソ冷戦中、冷戦後を通じて、現在（二〇二〇年）、核を保有している国は九ヶ国です。そのうち核拡散防止条約（NPT）で核兵器保有の資格を国際的に認められた核保有国はアメリカ、ロシア（ソ連からの継承）、イギリス、フランス、中国の五ヶ国です。それ以外（NPT非批准）の核保有国はインド、パキスタン、北朝鮮です。また、前述しましたイスラエルは、核保有を肯定も否定もしない曖昧政策をとっていますが、核保有国とみなされています。他に、核開発の疑惑国にはイランがあります。

イランの核開発問題

イランの核開発計画は一九五〇年代、他の自由主義国と同じように、アメリカの援助による「平和のための原子力」計画の一環として始まりました。これは一九七九年のイラン・イスラム革命でモハンマド・レザー・パフラヴィー（パーレビ）国王が失脚するまで続きました（それまでのイランは、中東で最もアメリカと親密な国でした）。

イラン革命後、秘密の研究計画は、核兵器をイスラム法学の立場から悪と見なした最高指導者ホメイニーにより解散されました。しかし、イラン・イラク戦争の際に小規模な研究が再開され、一九八九年のホメイニーの死後、大幅に拡大されました。この核開発計画は複数の研究所、二つのウラン鉱山、実験炉、さらに三つの有名なウラン濃縮工場などのウラン処理施設を含むものでした。

イランは世界の石油埋蔵量の第四位、天然ガスの埋蔵量の第二位を占める資源大国で、今すぐ原発を持たねばならない理由もありませんでした。しかし、北のロシア、東北の中国、東のパキスタンとインド、西のイスラエル、そして南のインド洋を遊弋《ゆうよく》しているアメリカ第五艦隊とイランは周囲をすべて核保有国に囲まれていて、この窮迫観念こそ、イランの安全保障上の危機感をいやおうなく増し、核保有への衝動が止みがたい原因となっているようです。

イランは常に核開発は原発開発のためだと言ってきましたが、すでに原子力発電所は持っています。イランの最初の原子力発電所であるブーシェフル第一原子炉は、主にロシアの国営原子力企業ロスアトムによる援助で完成し、二〇一一年九月一二日に公式に稼働を開始しました。また、イランはダールホヴィーンに新たな三六〇メガワット級原子力発電所を建設中と発表しました。さらに、イランは将来的に中規模原発建設とウラン鉱山の開発を目指すとも表明しました。

ＩＡＥＡの二〇〇三年一一月の報告では、イランが核開発計画をＩＡＥＡに報告するという核拡散防止条約（ＮＰＴ）の保障措置協定に基づく義務に組織ぐるみで違反したと結論づける一方で、核兵器開発計画との関連を示す証拠はなかったとも報告しました。

ＩＡＥＡ理事会は二〇〇六年二月に国連安全保障理事会にイランの違反を報告し、安保理は同国に濃縮計画中止を要求しました。しかし、イランはそれを拒絶し、安保理は制裁を課すことを決定しました。その後もイランのＮＰＴ違反が繰り返され、安保理は二〇〇六年七月、二〇〇六年一二月、二〇〇七年三月、二〇〇八年三月、二〇〇八年九月、二〇一〇年六月、二〇一一年六月と七本の対イラン決議を採択してきました。

このイランの核開発疑惑の背景には、イラン・イスラム革命以来のアメリカとイランの長い確執があり、イランの当時の強硬派のアフマディーネジャード大統領にも問題がありました。アフマディーネジャード大統領は絶えず、強硬発言をし、国際社会は、「イスラエルがイランを空爆し核施設を破壊するのではないか」と危惧していました。

二〇一三年八月、大統領選挙によって、穏健派と目されるハサン・ロウハニが大統領に就任し、二〇一三年一一月からイランと欧米など六ヶ国で核協議が始まりました。二〇一五年七月一四日、イランは米英仏独中露六ヶ国との間で、最終合意に達し、イラン側は核施設の大幅な縮小や条件つき軍事施設査察を受け入れ、見返りに米欧が原油取引の制限を解除することで合意しました。

この合意では、濃縮度は三・六七％以下にすること、その製造量、核兵器に転用できる高濃縮ウランやプルトニウムを一五年間は生産しないこと、遠心分離機の大幅削減が盛り込まれ、核関連活動の制限順守をＩＡＥＡが検証することになっていました。この合意でイランは濃縮度を三・六七％以下に制限されていて、（核兵器となる）九〇％以上にするには一年はかかる計算になりますが、しかし、これでは、イランが核兵器を生産できる時間の可能性を二～三ヶ月から一年まで引き延ばしたに過ぎないと言われました。

しかも一〇年後の二〇二六年から新型の遠心分離機の開発は自由になり、一五年の履行期間が終われば平和利用の名目でウラン濃縮や再処理の核技術を生かして理論的には核兵器製造が可能になります。この核合意の意義はきわめて限定的であることは確かでした（一〇年間先延ばししただけでした）。

そこで、周辺国にイランの核開発意欲を断念させていないという疑念がすぐに起こりました。これはイスラエルだけでなく、サウジアラビアも共有した猜疑心《さいぎしん》にほかなりません。

二〇一六年一月一六日、ＩＡＥＡは、イランが核濃縮に必要な遠心分離器などを大幅に削減したことを確認したと発表し、これを受けてイランと六ヶ国は同日、合意の履行を宣言し、米欧諸国はイランに対する経済制裁を解除する手続きに入りました。

二〇一八年五月、アメリカのトランプ大統領は「イラン核合意には根本的な欠陥がある」として、一方的にイランとの核合意から離脱し、イランに再び「最高水準の経済制裁」をかけると宣言しました。

これに対し、イランのザリーフ外相は中国など残った五ヶ国を歴訪して合意維持を確認しました。アメリカ離脱後初の協議であるウィーンでの五者委員会でも合意維持で一致しました。

しかし、アメリカは二〇一八年一一月、イランの石油輸出、船舶、金融など、アメリカ政府高官が「経済の重要部門」と位置づけるもの全てを対象にイランに対する経済制裁を発動しました。このアメリカのイラン産原油の全面禁輸措置は二次制裁と呼ばれる厳しいもので、アメリカ企業だけでなく、非アメリカ企業であってもイランと取引した場合はアメリカの制裁の対象となり、アメリカ内での経済活動から排除されることになりました。つまり、世界中の企業は、アメリカ市場に残るか、イランと取引をするか、という選択を迫られることになりました。

これは核合意の当事国であるイギリス、フランス、ロシア、中国、ドイツも例外ではありませんでした。それでイランが五ヶ国に核合意は守ると言っても、欧州の企業もアメリカ怖さに何もできないのが実態です。

それだけでなく、トランプ大統領は、イランのイスラム革命防衛隊（ＩＲＧＣ）をテロ組織に指定し、ＩＲＧＣと取引したいかなる企業にも制裁を科すとともに、議会の承認なしにＩＲＧＣに対して武力行使をする権限を得ました。さらに、空母アブラハム・リンカーンをペルシャ湾に派遣し、Ｂ-52戦略爆撃機も中東地域に増派するという措置をとりました。

このため、イラン産原油の輸出量は、トランプ大統領がイラン核合意を離脱する前は一日あたり二五〇万バレル以上だったのに対し、二〇一六年四月には一〇〇万バレル以下になったと推定されました。

二〇一八年五月八日、イランのロウハニ大統領は、イランへの圧力を強めるアメリカに対する対抗措置として、イランは核合意から離脱はしないが、核合意のうち濃縮ウランの貯蔵量上限（三〇〇キログラム）を順守しない、重水の制限量（一三〇トン）を順守しないと宣言しました。これはイランは核開発をするのが本意ではないから、その間に何とかしてアメリカからの挑発を阻止する方策を国際社会も考えてくれという悲鳴でした。

以後のことについては、省略しますが、二〇二〇年一一月のアメリカ大統領選挙で民主党のバイデンがかろうじてトランプを破り、二〇二一年一月二〇日に大統領に就任しました。バイデン大統領はトランプの暴政とも言える多くの政策を見直して、修正をかけていて、このイランの核合意についても見直すことでしょうが、どのようになるかはまだわかりません。

過去の核兵器保有国（核兵器を放棄した国）

開発に成功した核兵器を自発的に廃棄した国は、今のところ南アフリカの事例しかありません。

一九五〇年代後半にはウランの主要輸出国となり、六〇年代初頭には、原子力の平和利用（核爆発を土木プロジェクトに活用する構想）の研究開発に着手しました。その後、周辺国の独立戦争や共産化に対処するために原爆の開発にシフトしていきました。

一時、イスラエルと共同で核開発を進めたことは述べました。一九七七年には国連安全保障理事会がアメリカを含む全会一致で、南アフリカへの武器禁輸決議を採択しました。禁輸の第一の理由はアパルトヘイト（人種隔離政策）でしたが、同決議には核開発計画への「重大な懸念」も盛り込まれていました。

一九八〇年代に入ると、南アフリカは六発の核弾頭と様々なミサイルを完成させました。しかし、一九八〇年代末、冷戦が終結に向かうと、親ソ勢力による侵略の危険性は低下しました。アンゴラでは停戦協定が成立し、キューバ兵五万人が帰国しました。南アフリカもナミビアから撤兵しました。

一九八九年二月に大統領に就任したデクラークは今までの政府（国民党）の方針を転換

し、アパルトヘイト廃止に踏み切り、ネルソン・マンデラらを釈放しました。また、デクラーク大統領は、一九七〇年代から一九八〇年代にかけて六発の核兵器を密かに製造・配備をしていたものの、核拡散防止条約（NPT）加盟前に全て破棄したことを一九九三年に発表しました。一九九一年に南アフリカはNPTを批准し、現在はもはや核兵器を保有していません。

《五》冷戦後の米ロ中三つ巴の核戦略

冷戦後の米ロ（ソ）の核兵器削減交渉

ソ連とアメリカは、一九九一年七月に第一次戦略兵器削減条約（STARTI）を締結し、保有する戦略核弾頭数の上限を六〇〇〇発、大陸間弾道ミサイル（ICBM）、潜水艦発射弾道ミサイル（SLBM）や爆撃機など戦略核の運搬手段の総計を一六〇〇機に削減し、さらに、弾道ミサイルへ装着した核弾頭数も四九〇〇発に制限しました（相互確証破壊の原則は守られているという考えでした）。これらは条約発効後七年で達成されるとしていました。

調印後、ソ連の崩壊に伴い、条約の継承国はロシア、ベラルーシ、カザフスタン、ウクライナとアメリカになり、条約の批准は一九九四年まで遅延しました。旧ソ連の核弾頭については、ロシアに移送され、ロシアが解体を行いました。

米ロ両国は核兵器削減の交渉を継続し、これがSTARTⅡとして結実し、二〇〇三年までに両国の核弾頭数を三〇〇〇～三五〇〇発以下に削減すること、大陸間弾道ミサイルのMIRV化の禁止などでした。しかし、アメリカが二〇〇一年に弾道弾迎撃ミサイル制限条約（ABM条約）を廃棄したこともあり、ロシアはSTARTⅡを実行しないとしました。

このため、米ロ両国は二〇〇二年五月二四日に、「アメリカ合衆国とロシア連邦との間の戦略的攻撃能力の削減に関する条約」（モスクワ条約）を調印し、両国の戦略核弾頭の配備数を二〇一二年までに一七〇〇～二二〇〇発まで削減すること、核弾頭及びその運搬手段の廃棄義務はなく、構成も両国各々が決定すること、削減対象とした核弾頭の保管も可能であるということにしました。

核ミサイルが飛んできても、それを事前にミサイルで攻撃して撃ち落とせばよいというのが、ミサイル防衛（MD）の発想で、その典型的な例がレーガン大統領時代のSDI構想でしたが、これは失敗に終わったことは述べました。

しかし、アメリカは冷戦後もＳＤＩに代わるミサイル防衛を次々と提案し開発していきました。

ＳＤＩの次がＧＰＡＬＳ

冷戦の終結後、湾岸戦争（一九九一年）をきっかけに、弾道ミサイルの脅威が広く知られるようになりますと、ジョージ・ブッシュ（父親）政権の下、ＧＰＡＬＳ（Global Protection Against Limited Strikes：限定的攻撃に対する地球規模の防衛構想）が提唱されました。ＳＤＩが超大国間の大規模な攻撃を想定していたのに対して、ＧＰＡＬＳは湾岸戦争でのイラクのような国による弾道ミサイル攻撃への対処を目的としていました（当面、ソ連の脅威はなくなりましたのでアメリカ軍産複合体としては、中東の小さなニーズでも拾っていくしかないという事情もありました）。

迎撃方式も改められ、宇宙配備と地上配備の迎撃・追跡システムを組み合わせることとされていました。後述のＴＨＡＡＤ（Terminal High Altitude Area Defense：サード）やパトリオットミサイルＰＡＣ‐3が計画されたのはこの頃でした。

次がＴＭＤ、ＮＭＤ

次のクリントン政権になりますと、ＧＰＡＬＳ計画を破棄し、代わって打ち出したのがＴＭＤ（Theater Missile Defense：戦域ミサイル防衛）でした。これは、ＧＰＡＬＳで予定されていた宇宙配備の迎撃システムを構築するためにはＡＭＤ条約を破棄せねばならず、これを避けるために、ＴＭＤでは地上配備型の迎撃ミサイルが迎撃の中心となりました。

その後、イランのシャハブ3や、北朝鮮のテポドンなど射程距離一〇〇〇キロメートル前後であるものの、将来的にはアメリカ本土に対する脅威になりうると見られるようになりました。米ロはもはや核抑止で考え方は同じであるから相互確証破壊の考えで維持されてきましたが、イランや北朝鮮など新規参入国が出てくると何が起きるか予測がつかなくなりました。

しかし、これらは数はまだ多くはないので個別に対処しようという考えで、この脅威に対抗するために始められたのがＮＭＤ（National Missile Defence：米本土ミサイル防衛・国家ミサイル防衛）でした。

再び戦略ミサイル防衛（ＢＭＤ）構想

ブッシュ（息子）政権になると、再び方針が転換されました。二〇〇〇年代に入り、弾道ミサイルは大国のみならず、中小国においても開発・装備されるようになりました。それらすべてに対抗するために再び全面的なミサイル防衛を本格的に研究し整備することにしました。二〇〇一年九月一一日の連続爆破テロ事件以後は、「対テロ戦争」の政治環境になり、ミサイル防衛に反対する人々もあらゆる軍事計画に反対しにくくなりました。

ブッシュ政権の考え方は、今まで提案されたすべてを繋ぎ合わせて総合化するというもので、ＮＭＤとＴＭＤを統合して、戦略ミサイル防衛（ＢＭＤ：Ballistic Missile Defence）とし、大気圏外でのＩＣＢＭ迎撃ミサイルの開発と配備を本格的に構築することにしました。ＳＤＩと考え方は同じですが、このミサイル防衛においては、レーザーやビームなどではなく、より現実的な技術でそれを実現するというもので、ＡＢＭ条約に違反する部分があり、再びロシア（以前はソ連でしたが）はアメリカを非難しました。

しかし、ブッシュ政権はこのミサイル防衛を強引に推進することを決定し、ＡＢＭ条約を二〇〇二年六月に脱退（米ロの条約ですから、一方的に破棄）しました。このように、軍事的変更はいつでもアメリカが一方的に行い、ロシア（ソ連）は追随していました。

ＡＢＭ条約は相互確証破壊の考えに基づくもので核抑止論の象徴でしたが、その考えを破棄したのです。再び振り出しに戻ったようで、これは極めて大きな考え方の変更です。相互確証破壊の考え方で安定していたロシアとの関係は不安定になり、当然、ロシアはこれに対処する方策に着手しましたが、それは後述します。

そのＢＭＤシステムの全体像は以下の通りです。

弾道ミサイル迎撃の方法としては、

① 発射直後のブースト段階で破壊するもの
② 発射後大気圏外で慣性飛行している段階で破壊するもの
③ 着弾前の再突入段階で破壊するもの

の三つに分けられますが、この三段階あわせて使用し撃墜率を高めるというわけです。

弾道ミサイルは射程一五〇〇キロメートル程度なら秒速四〇〇〇メートル、五五〇〇キロメートルなら秒速六〇〇〇メートル、大陸間弾道ミサイルなら秒速八〇〇〇メートル以上で飛行し、射程一〇〇〇キロ以上のものなら現状では二段式から三段式になることから、長射程の弾道ミサイルほど開発するのが難しく、コストもかかり信頼性も落ちます。しかし長射程の弾道ミサイルになればなるほど、迎撃側のミサイル防衛システムの方が更に極端な高性能化（相手の速度が極大化しますので）が要求されることになり技術的な難易度は高くなります。

弾道ミサイルの発射は早期警戒衛星によって探知されます。そのための衛星として現在はＤＳＰ（国防支援計画）衛星が用いられていますが、その後継として宇宙空間赤外線システム（ＳＢＩＲＳ）衛星が開発され、ＤＳＰ衛星と比して、探知精度は五倍以上向上させる必要があります。

これらはいずれも高感度の赤外線センサーを搭載し、特徴的な熱源を探知して、即座に地上ステーションに通報します。その情報は、アメリカ本土のＭＣＳ（Mission Control Station）または日本やドイツ、韓国の米軍基地に配置されたＪＴＡＧＳ（Joint Tactical Ground Station）で受信されます（つまり、ドイツ・日本・韓国などアメリカを守る周辺諸国がこのＢＭＤシステムの末端システムとして組み込まれています）。

これらの早期警戒情報は、アメリカ四軍の統合情報配布ネットワークであるＩＢＳ（Integrated Broadcast Service）によって各部隊に送信されることになります。アメリカ軍のイージスＢＭＤ艦においては、ＩＢＳに接続するための端末であるＪＴＴ（Joint Tactical Terminal）が配備されており、ＩＢＳで配布された早期警戒情報を受信することができます。

また、早期警戒情報に続いて、発射された弾道ミサイルを識別・追尾するため、低軌道を周回する二種類の赤外線センサーを持つＳＴＳＳ（Space Tracking and Surveillance System）衛星の配備も進められています。衛星以外にも、航空機搭載型の赤外線センサーも研究されており、日本においては、エアボスとして試験が行われています。

①の段階での破壊に用いられる兵器としては、ＡＢＬ（Airborne Laser）やＫＥＩ（Kinetic Energy Interceptor）が挙げられています。ＡＢＬはレーザーを使用しブースト段階のミサイルを破壊しようとするものであり、アメリカ空軍において、二〇一一年まで開発していました。これは、サイエンス・フィクション的な威力によってミサイルを焼き切ったりするものではなく、弾道弾が上昇中のほんの一時期、ロケットモーターが全力で推進している状態において、レーザー光を照射することにより高圧状態のミサイル本体、特に推進剤タンク部分の外板に負荷を掛けて、ロケットを自爆させる兵器です。この原理上、燃焼が終了したミサイルには効力がありません。

つまり、ＡＢＬを領空内に侵犯させない限り、広い国土を持つ大陸国家（アメリカ、ロシア、中国、インド）相手の迎撃は、その射程（二〇〇～三〇〇キロメートルを想定）から見て不可能です。

ＫＥＩは大型の対空ミサイルで、この後の段階での迎撃に用いられているスタンダード・ミサイル三型（ＳＭ-３）やＴＨＡＡＤミサイルと同様、直撃によって目標を撃破する運動エネルギー投射体（Kinetic projectile）を使用します。地上発射型と、艦船搭載型の開発が進められています。
②の段階で迎撃するために使われる兵器としてはイージス弾道ミサイル防衛システムのスタンダード・ミサイル三型（ＳＭ-３）や、地上発射型のＧＢＩ（Ground Based Interceptor）が挙げられます。
これらＳＭ-３、ＧＢＩミサイルのいずれも、赤外線で目標を追尾し、ロケット・スラスターで微調整しつつ、直撃による運動エネルギーで目標を撃破します。

イージスシステムはもともと優れた防空システムですが、ミサイル防衛任務に使用するため、弾道ミサイル迎撃専用のＳＭ-３が新たに開発され、これがイージスＢＭＤシステムの主たる武器となります。

ＳＭ-３システムは、より高度な迎撃試験が段階的に繰り返し実施されていて、現在まで非分離型弾頭の迎撃、分離型弾頭の迎撃、分離型弾頭と推進部の二弾同時迎撃、弾道弾と航空機の同時迎撃などの、システムエラーや標的ミサイルの発射不能などの事例による失敗以外のほとんどで成功をおさめていると言われています。

ＧＢＩは大陸間弾道ミサイル（ＩＣＢＭ）よりアメリカ本土を防衛することを目的とした地上発射型の三段式迎撃ミサイルで、二〇〇七年末までにカリフォルニア州ヴァンデンバーグ空軍基地に三発、アラスカ州フォート・グリーリーに二一発が配備されました。二〇〇九年末には計四〇発にする計画でした。これに加えて、ポーランドに発射基地の建設を計画していましたが、ロシアの反発を受けたこともあり、オバマ政権がイランのＩＣＢＭによる脅威は低いとしてスタンダードミサイルＳＭ–３の配備に変更しました。ポーランドに配備されるはずだったＧＢＩは、アメリカ本国に配備されているものから三段目のブースターを取り去った二段式となるとされていました。

また、ＧＢＩシステムにおいて、目標の探知・追尾に用いるため、大型のＸバンド・レーダーが開発されています。このうち、海上配備型のＸバンド・レーダーが既にアラスカに配備されており、推定探知距離は五〇〇〇キロメートルとされています。また、地上配備型のＸバンド・レーダーであるＸＢＲも開発されており、プロトタイプは一九九八年より、クェゼリン環礁において試験中です。

③の終末段階、目標となる弾道ミサイルが再突入している段階で弾頭の迎撃に成功したとすると、弾頭の残骸や弾頭内の放射性物質が迎撃国領内に降り注ぐ可能性はあります。しかし、この事象による環境への影響は、原子力発電所の爆発事故や核爆発と比較すると、無視できるレベルと考えられています。この段階での迎撃に使用される兵器としてはＴＨＡＡＤ、パトリオットＰＡＣ－３システムが挙げられます。

ＴＨＡＡＤミサイルは、主として大気圏外での迎撃を想定して開発されており、ＫＥＩやＳＭ－３、ＧＢＩと同様に、赤外線で目標を追尾し、ロケット・スラスターで微調整しつつ、直撃による運動エネルギーで目標を撃破するものです。

パトリオットＰＡＣ－３システムは既に実戦配備が開始されており、二〇〇三年のイラク戦争でも使用されました。基本的には、従来高射部隊によって使用されてきたパトリオットミサイル・システムをベースとしてはいますが、ミサイル本体が直撃することによる目標撃破を主眼として新規開発されたＰＡＣ－３ミサイルを主用しています。

ただし、対弾道ミサイル攻撃においては射程が二〇キロメートルと短く（対航空機射程は八〇キロメートル超）、迎撃可能範囲が小さいという問題が指摘されています。また、射程の短さに伴って交戦機会が少ない。また終末速度が極めて高速になる大陸間弾道ミサイル（ＩＣＢＭ）や潜水艦発射弾道ミサイル（ＳＬＢＭ）には対応できないものと見られています。

ＰＡＣ‐３による防護範囲は、速度がマッハ六強（二キロメートル／秒）程度となる短距離弾道ミサイル（ＳＲＢＭ）に対しては、発射機より左右に各三五キロ、前に四〇キロ、後に一〇キロの扇状の範囲を迎撃できますが、ノドンなど、日本において直面する可能性の高い準中距離弾道ミサイル（ＭＲＢＭ）攻撃（速度マッハ一〇＝三・七キロメートル／秒）程度では、半径二〇キロの扇状の範囲にまで縮小します。

ちなみにこの広さは市ヶ谷を起点として東京二三区西部境界程度までの広さで、一個高射群に二個の発射機（即応弾各一六基）、無線指揮車（無線によるリモートランチは三〇キロ圏程度可能）により部隊分割使用で最大八個までの首都圏近郊の高射部隊の発射機のうち、埼玉からと、千葉からの展開で、市ヶ谷、朝霞、習志野の三点をもって首都枢要部をカバーできる能力に相当します（首都枢要部だけでこれですから、日本全土となれば、日本中を基地にしなければならなくなり、非現実的です）。

以上がアメリカの戦略ミサイル防衛（ＢＭＤ）構想で現在、開発途上にあります。

容易に突破されるアメリカの戦略ミサイル防衛（ＢＭＤ）構想

アメリカのＢＭＤは、理屈上はＩＣＢＭを落とすことができるということになりますが、このシステムを打ち破ることが、このシステムを一〇〇％稼働させることよりはるかにやさしいことがわかります。

もっとも、単純な戦法は同時に多方面（たとえば潜水艦発射）から、発射することです。たとえ、ＢＭＤの撃墜率が高くなっても、相手国はかつてソ連がやったと同じように核ミサイルの数を増やせばよいのです。たちまち核軍拡の再現です（その頃の相手国とはロシアだけとは限りません。中国、北朝鮮その他もあります）。

これもまた、以前からよく言われていたことですが、攻撃の前に、何発かの核爆弾を宇宙空間や前述のＢＭＤの通信システムにぶちかまして、世界の通信網を混乱させれば、ＢＭＤは一瞬で機能しなくなります。そんなことは国際法上許されないといっても、当のＢＭＤが国際法違反ですし、戦争のときには相手国はＢＭＤの網をくぐる方策で攻撃するのですから、一〇〇％それを防ぐ方策などありません。ミサイル実験のときのようなモデル実験で一〇〇％の撃墜率が出ていても全くそれは意味がありません。

それに第一次世界大戦も、第二次世界大戦も、戦争の前に、次の戦争はどうなるか、いろいろ考えられ、それに合わせて作戦が組まれていましたが、両大戦とも、予想外の戦況になったことは『自然の叡智 人類の叡智』で縷々述べましたので省略します。みんな想定外の展開になりました。原爆が登場するなどヒトラー、ルーズベルトも戦前には想定していませんでした。

それほど人間の予測能力は優れているとは言えませんし、どうしても人間はその前までの戦争の影響から抜けられないのです。また、攻める方は想定よりもはるかに「想定外」の奇想天外の方法を編み出すのです。それは敵の防御システムがわかっているから当然です。想定されているＢＭＤシステムに核を打ち込むバカはいません。

攻める方は「奇想天外」の一点、二点、三点、……に集中できます。守る方はあらゆる場合に対処しなければなりません。それはできません。歴史上、軍事的天才と言われたものは、すべて攻撃がうまかったのです。ナポレオンもヒトラーも。守りはまったくダメでした。もともとできないのです。もし、仮にアメリカが完璧なＢＭＤ開発の見通しが出たとなれば、その前にということで先制攻撃を誘発するかもしれず、何が起きるかわかりません。人間の頭脳はいかに進化しているか、それぞれ自分の頭脳に聞いてみればわかることです。とんでもないことも考えています。

一般的に、射程距離が一万キロメートル級のＩＣＢＭでは、発射から着弾までの時間は三〇分程度とされています。地上に設営されたミサイルサイロではなく、潜水艦発射弾道ミサイル（ＳＬＢＭ）の場合は、（どこにいるかわからない潜水艦からの）発射の検出に時間がかかるため、事態はいっそう切迫します。このわずかな時間内に意思決定を行い、ミサイルサイロに指示を伝達し、発射にかかるすべての作業を完了させなければなりません。このようなことは絶対にできません（二〇〇一年の九・一一の旅客機攻撃のときも事態が把握できずホワイトハウスもペンタゴンも地下に退避し、何時間も混乱しました）。

もちろん、何かの兆候があったら、何であっても自動的に発射ということであれば、それはできますが、機械システムに（ＡＩに）すべてをまかせて、人類が滅亡する事態もありうるということが許されるでしょうか（そのような事故が冷戦時代に起きていました）。

この核システムの即応性向上のために、様々なシステムが考案されてきました。旧ソ連およびロシアの自動報復システムは、アメリカの先制核攻撃により司令部が壊滅した場合に備え、自動的に報復攻撃を行えるよう「Dead Hand（死者の手）」と呼ばれるシステムが稼動していると言われていました。これはロシア西部山中の基地に一九八四年から設置されているもので、ロシアの司令部が壊滅した場合、特殊な通信用ロケットが打ち上げられ、残存している核ミサイルに対し発射信号を送ることでアメリカに報復するものでした。これが本当かどうかわかりませんが、抑止論を確実にするためには、このような話も必要だったのでしょう。人類は狂っているとしか言いようがありません。

オバマ大統領は演説だけで終わった

第四四代アメリカ大統領になったバラク・オバマは、二〇〇九年四月五日、チェコの首都プラハのフラチャニ広場で、アメリカ大統領としては初めて核廃絶に向けた「核兵器のない世界（核なき世界）」の演説を行い、アメリカは核兵器を使用したことがある唯一の核保有国として行動する道義的責任があるとして、アメリカが先頭に立ち、核兵器のない世界の平和と安全を追求する決意を明言しました。

これを歓迎して、二〇〇九年一〇月にノルウェーのノーベル賞委員会はオバマの「核なき世界」に向けた国際社会への働きかけを評価して二〇〇九年度のノーベル平和賞を彼に授与することを決定しました。

二〇一〇年三月二八日、アメリカのオバマ大統領とロシアのメドベージェフ大統領が電話会談し、第四次戦略兵器削減条約（新ＳＴＡＲＴ）に合意したと発表し、戦略核弾頭数は旧条約で六〇〇〇発のところを新条約では、それぞれ一五五〇発に、核運搬手段の大陸間弾道ミサイルは、旧条約で一六〇〇基のところをそれぞれ八〇〇基に、核運搬手段の潜水艦発射弾道ミサイルは、旧条約では制限がありませんでしたが、新条約では、それぞれ七〇〇基に制限するというものでした。

ただし、ミサイル防衛（ＭＤ）については、米ロ（ソ連の時から）両国には主張の対立があり、アメリカのミサイル防衛システムの配備により、ロシアの戦略核戦力が減少または無力化される場合はロシアは条約を破棄する権利を持つと表明していました。オバマはＭＤには口も手も触れませんでした（手出しできなかったのでしょう）。

二〇一一年一一月二三日、ロシアのメドベージェフ大統領は、テレビ演説で、アメリカなどが進める欧州ミサイル防衛（ＭＤ）計画への対抗措置としてカリーニングラード州（ロシアの飛び地）に新型ミサイルシステム「イスカンデル」（ＳＲＢＭ：ロシア製の短距離弾道ミサイル）を配備すると警告しました。

米ロの核問題だけでなく、冷戦後にはむしろ、世界への核拡散の危機はより高まりましたが、オバマ大統領の「核なき世界」は、結局、演説だけで終わってしまいました。

何でもありのトランプ核戦略

「核兵器のない世界」を掲げて、あまり、実行力がなかった大統領のあとに、パリ協定離脱や何でもありの核戦略など破壊的実行力がある大統領が出現するとは、いかにアメリカの政治が混乱に陥っているかを示しています。かつては共和党も民主党も国内政策では食い違いがあっても、外交ではあまり差がない、どちらがなってもあまり外交方針は変えないようにしていると言われていましたが、前大統領の政策を故意に覆そうという大統領が出るようになったのです。いかにアメリカの国論が分裂し始めているかがわかります。

トランプのアメリカは、二〇一八年二月には、今後、五～一〇年の核政策の指針となる核戦略見直し（ＮＰＲ）を発表し、トランプの言葉が具体化されました。核の脅威が増す中で、あらゆるレベルの抑止力を保つために柔軟な核能力を持つことを目的とするとしています。都市を破壊してしまう大型核だけではなく、潜水艦発射弾道ミサイル用の爆発力を抑えた小型核兵器や、水上艦や潜水艦から発射できる巡航ミサイルなど、「使える核」を開発すると表明しました。

敵の重要施設などへのピンポイント攻撃を念頭に、核を使わない攻撃にも核で反撃する可能性も明記しています。この発想も核開発の初期において、米ソはありとあらゆる「小型で使いやすい核兵器」を開発した歴史があります。それは実際には人道上使えないと（米ソが使えば、他の小国が気軽に使って、もっと危険になるので）やめたのですが、振り出しに戻って、何でもやると宣言しました。

トランプの宇宙軍拡

二〇一八年六月一八日、トランプ大統領は宇宙軍の創設を命じ、核軍拡を宇宙にも広げる考えを示しました（これもアメリカの歴代大統領は実質やってきましたが、それを違法性を無視して公言してやる大統領が出てきたのです）。ホワイトハウスで開かれた第三回国家宇宙会議で演説し、「アメリカを守るなら、宇宙で存在感を見せるだけでなく、支配しなければならない」と述べ、国防総省に直ちに宇宙軍の創設のための手続きに入るよう指示しました。「私は国防総省に対し、軍隊の第六部門としての宇宙軍を設立するために必要なプロセスを直ちに始めるよう命令した」と発表しました。軍の機構改革や予算は連邦議会の承認が必要ですが、実現すれば陸海空の各軍や海兵隊、沿岸警備隊に並ぶ六つ目の軍種となります。

前述しましたように、宇宙には、宇宙法（月その他の天体を含む宇宙空間の探査及び利用における国家活動を律する原則に関する条約）があり、これの第二条で、天体を含む宇宙空間に対しては、いずれの国家も領有権を主張することはできない。第四条で、核兵器など大量破壊兵器を運ぶ物体（ミサイル衛星等）を地球を回る軌道に乗せたり、宇宙空間に配備してはならない。また、月その他の天体はもっぱら平和目的のために利用され、軍事利用はいっさい禁止されるとなっています。トランプ大統領が宇宙軍とこの宇宙法との関連を検討したのか、しなかったのか、何も触れていません（地球も宇宙もアメリカの支配下にあるという意識の人間がアメリカの大統領になるとどうなるか、以前から危惧されていたところですが、トランプは知ってか知らずしてか、それを現出したのです）。

　この新たな核軍拡競争のコストは天文学的な数字になるでしょう。超党派の軍備管理協会では、アメリカ核戦力更新のために納税者が負担するコストは、今後三〇年間で一兆二〇〇〇億ドル（約一三四兆円）以上に達すると試算しています。

　この宇宙法をアメリカも中国もロシアも批准していますが、実際には宇宙空間の軍事利用が進んでいます。中国は二〇一五年末に人民解放軍に戦略支援部隊を新設し、サイバーや衛星防衛を担当させていると見られます。ロシアも二〇一五年に空軍を再編し「航空宇宙軍」を作りました。

トランプの中距離核戦力（ＩＮＦ）全廃条約破棄と核軍拡

二〇一八年一〇月二〇日、トランプ大統領は、冷戦時代にアメリカと旧ソ連が核軍縮を念頭に結んだ中距離核戦力（ＩＮＦ）全廃条約を破棄するという、ちゃぶ台返しのような方針を表明しました。

ＩＮＦ全廃条約は、ソ連のゴルバチョフ書記長（当時）の「核戦争に勝者はない」という認識をアメリカのレーガン大統領（当時）も共有し、一九八七年の米ソ首脳会談で調印し、一九八八年に発効したもので、その後、冷戦終結に導いた歴史的な条約でした。

トランプ大統領は、そのようなことを一顧だにしないで、同日「ロシアは長年、ＩＮＦ条約違反の巡航ミサイルを開発・配備している。我々は合意を破棄し、条約から離脱する」と明言しました。さらに中国が条約に加わっておらず、自由に開発を続けていることを問題視し、「我々はこれらの兵器の開発をしなければならない」と強調しました。

ロシアの新核戦略

二〇一八年三月一日、ロシアのプーチン大統領は、年次教書演説の中でアメリカのＢＭＤ網を突破することを可能とする開発中の新型兵器を紹介しました。

まず、プーチン大統領は、ロシアがここに至った経緯を説明しました。ロシアの言い分を聞いてみましょう。

二〇〇一年一二年一三日、ブッシュ大統領（息子）は、「ＡＭＤ条約は、テロリストやならず者国家のミサイル攻撃から守るための方法を開発しようとするわが政府の能力を妨げるものである」と主張し、ＡＭＤ条約から脱退する旨をロシアに一方的に通告しました。ロシアは、この決定に強い懸念を表明しましたが、アメリカは、二〇〇二年六月に同条約から正式に脱退しました。

　このときロシア政府はアメリカ政府がＡＢＭ条約を破棄したので、第二次戦略兵器削減条約の発効・履行の意義は失われたと表明し、放棄しました。このアメリカのＡＭＤ条約からの脱退により、ＢＭＤ配備を制限する構図が崩れました。ロシアの言い分では、アメリカのＡＭＤ条約からの撤退から一五年間、ロシアは一貫して戦略的安定の範囲内で合意に達するためアメリカと交渉を続けました。二〇一〇年には、ロシアとアメリカは戦略核兵器のさらなる削減と制限のための措置を含む新ＳＴＡＲＴ条約に調印しました。

　しかし、ロシアからの多くの抗議と要請にもかかわらず、アメリカの弾道ミサイルの無制限な増加とＢＭＤシステム設置の動きは続きました。アラスカ州とカリフォルニア州に新たなＢＭＤ基地が設置され、西ヨーロッパでは東方拡大されたＮＡＴＯの一員であるルーマニア、ポーランドで二つの新たなＢＭＤ基地が創設されました。さらには、韓国にＴＨＡＲＤ（サード）ミサイル、日本に陸上アショアと北東アジアにおいても建設の動きが起きました。

二〇〇四年、プーチン大統領は、「他国が武器及び軍事上の潜在能力を増強するとき、ロシアも新世代の兵器及び技術を確実に持てるようにする必要がある」とし、「近い将来、ロシア連邦軍、とりわけ戦略ミサイル軍が、大陸間をまたぐ距離にある標的を攻撃することが可能で、飛行中に飛行高度及びコースを調整できる極超音速で高精度な新しい兵器システムを手にするであろう」と述べ、前記の米ＢＭＤシステムを無力化するために、次世代ミサイル開発に乗り出したと述べました。

演説で、プーチン大統領は、今日、ロシアは、アメリカによる世界規模のＢＭＤ網に察知されることなく攻撃できる新たな核兵器運搬システムを開発したと動画を使って説明しました。まず、重量が二〇〇トンを超え、加速段階が短い開発中の新型の大陸間弾道ミサイル「サルマット」（ＲＳ−28）を示しました。「サルマット」は北極や南極を経由してターゲットを攻撃することができ、最先端のＢＭＤシステムでさえも攻撃の障害にはならないとしました。

さらに、ターゲットに向かう際に弾道軌道をまったく使用しない新型の戦略兵器の開発を始めたと述べました。その一つが最新のX－一〇一空中発射ミサイルです。これは、核弾頭を搭載した低空飛行ステルス・ミサイルで、制約のほとんどない射程、予期せぬ軌道、迎撃境界を迂回する能力を備え、すべての既存および将来のBMDシステムに対して無敵であると述べました。

もう一つは、長距離ミサイルを発射できる無人潜水機の開発です。ロシアは、最先端の魚雷の速度よりも数倍高い速度で、相当な深度で移動可能な無人潜水機を開発したと言っています。

さらに、「キンジャル（短剣）」と呼ぶ高精度の極超音速空中発射ミサイルシステムを構築しており、実験は完了し、二〇一七年一二月から試験運用を開始しました。発射航空機は、数分以内でミサイルを発射地点に運搬することができ、音速の一〇倍速い極超音速で飛行するミサイルは、飛行軌道のあらゆる段階で操縦可能であり、二〇〇〇キロメートル以上の射程で核及び通常の弾頭を運搬し、将来のBMDシステムを無効にすることも可能であると言っています。

演説の最後で、プーチン大統領は、発表されたばかりのトランプ核体制見直し（ＮＲＰ）によれば、「通常兵器による攻撃及び、サイバー空間での脅威に対してさえ」核兵器を使用しての反撃がありうると記していることに深刻な懸念を表明しました。これに対して、「ロシアの軍事ドクトリンには、核による攻撃に対してのみ、または、その他の大量破壊兵器によるロシアまたは同盟国への攻撃、または、通常兵器を使用した、まさに国家の存亡を脅かすロシアへの侵略行動に対してのみ、ロシアは核兵器を使用する権利を保有する」とアメリカとの違いを強調しました。

　ロシアは今、二〇一八年の演説で述べた新核兵器を実戦配備しています。ミサイル「アバンガルド」は、アメリカのＢＭＤ網の突破を狙い、ブースターで極超音速まで加速後、低空を滑空し目標へ突入する極超音速兵器であり、高度や方向を自在に変えながらマッハ二〇で飛ぶため迎撃はきわめて困難とされます。二〇一九年に実戦配備される予定で、二〇一八年末にはロシア軍が中西部から約六〇〇〇キロメートル離れたカムチャッカ半島の目標に向けた発射実験を成功させました。

　もう一つがマッハ一〇の速度で飛ぶ高精度ミサイル「キンジャル」で、二〇一七年にロシア南西部の南部軍管区に実験的に配備されました。

このように、人類はまた一段と強力な「矛」の開発に奔走し始めています。それをやれば、また、それを防ぐと言って、地球と宇宙を何重にも張り巡らしたミサイル防衛網を作り出そうとし、その過程で事故か、故意かわかりませんが、人類最後のときを迎えることになるでしょう。

そしてプーチンは、この度のトランプのＩＮＦ全廃条約の破棄による挑戦には受けて立つだけだと答えています（歴史上、いつでも、どの国でも、それでは我が国は降りますと言ったところはありません）。ロシアは、ＩＮＦ廃棄条約の停止を受けて、これまで禁止されていた短距離や中距離の地上配備型ミサイルを再び開発し、二〇二一年までに配備を完了したいと表明しています。

中国の核戦略と東アジアの今後

中国は一九九〇年代からミサイル開発を加速させており、ＩＮＦが禁じる射程に近いミサイルを一四〇〇発以上保有すると推定されています。アメリカ・グアムを射程に入れる「グアム・キラー」と呼ばれる中距離弾道ミサイルや、「空母キラー」と言われる対艦弾道ミサイルなどで、アメリカの戦略上の脅威になっています。

また、極超音速兵器を開発中で、二〇一八年八月、国有企業「中国航天科学集団」傘下の研究所が極超音速飛翔体「星空2号」の発射試験を行い、高度三〇キロ、マッハ五・五〜六の速度で四〇〇秒以上の飛行に成功しました。二〇一九年一〇月一日の建国七〇周年の天安門前広場での軍事パレードでは、マッハ五以上の極超音速兵器・東風17（DF−17）、極超音速巡航ミサイルDF−100などが公開されていました。極超音速兵器は音速の五倍以上で飛び、地上のレーダーでは探知と迎撃が困難とされます。

トランプ政権は中国を「競争国」と位置づけ、経済面だけでなく軍事面でも対決姿勢を強めています。中国を牽制する上でも、冷戦期に作られた条約はもはや障害にしか思っていないようで、核軍縮を進めるのではなく、核軍拡に突き進んでいくようです。

中国は今のところ、核弾頭数が米ロより桁違いに少ないことなどを理由に、軍縮に応じようともしていません。結局、中国はこのままでは米ロのレベルに達するまで軍拡を続けるでしょう。

ＩＮＦ全廃条約の失効は、日本やアジアに影響します。ＩＮＦはそもそも欧州が焦点になっていましたが、アメリカの新型ミサイル開発は中ロに対抗して進められていますので、アメリカは今後、欧州だけでなくアジアや日本も新型ミサイルの配備先候補として、在日米軍基地まで取りざたされるようになっています。

もし米中冷戦になりますと、日本列島、台湾、フィリピンなど、中国が言う第一列島線が核兵器の最前線となります（戦後言われたアチソンライン）。米ソ冷戦のときには、東西ヨーロッパを分ける国境線が核兵器の最前線でした。ですから、ドイツ（西ドイツ）は東西ドイツの統一を含めて、ヨーロッパがその犠牲になるのを防ぐために必死になり平和攻勢（平和工作）をしていたのです。東アジアは第二次世界大戦後、アメリカの核の傘に安住し、戦後処理を何もしてこなかったのです。北朝鮮核問題もその結果です。

ＩＮＦ全廃条約は、三一年前、旧ソ連の中距離ミサイルが届く西欧の安全を念頭に作られており、特定の射程を持つ地上発射型だけを対象とするのは内容が狭すぎるのは確かです。今や中国の急速な核強化だけでなく、インド、パキスタン、北朝鮮なども核保有し、さらにイスラエルも核保有し、国際条約に縛られていない核開発が進んでいます。つまり、アメリカが取るべき道は、ロシアとともに、中国なども巻き込んだ実効性のある核軍縮の枠組みづくりや信頼性の醸成であるはずでしたが、トランプのように、いきなりＩＮＦ全廃では世界の核軍拡を加速させることになるでしょう。

つまり、ＩＮＦ全廃条約に他の核保有国を加入させる、あるいは、海洋及び空中も条約対象に加えるということをしないで、ＩＮＦ全廃条約を離脱してしまったら、今までの努力が水の泡で制限なしの軍拡に進んでしまいます。

初期核兵器開発の時代には日本や韓国にも巡航ミサイル「トマホーク」が配備されていましたが、アメリカがＩＣＢＭを実戦配備すると、その必要がなくなり、沖縄基地などからアメリカは撤去しました。それがまた、出てくるようです。現在は中ロの上に北朝鮮のＩＣＢＭまでアメリカに焦点を定め始めたので、もう一度、第一列島線に中短の核ミサイル網を西に向かって配置しておくことが、奥の院アメリカを守るためには必要であると考えているのでしょう。

アメリカの狙いは（その後のロシアではなく）中国ですから、東アジアに焦点が当てられます。早くも、二〇一九年八月三日、オーストラリアを訪問していたアメリカのマーク・エスパー国防長官は、記者会見でアジアに中距離ミサイルの配備を希望するコメントを出し中国側を刺激しました。これを受けて同年八月五日には、オーストラリアのスコット・モリソン首相がオーストラリアに中距離ミサイルを配備することはないと発表しました。アメリカが次にアプローチするのは最も頼りにしている日本でしょう。

トランプは「日本も核武装したら」とか「自国のことは自国で守れ」とか言っていまし

た。二〇一九年になって北朝鮮が中短のミサイル実験を繰り返しても、アメリカにまで届くＩＣＢＭでなければ問題ないと言っていました（実際には届くのです）。いつでもどこでも「アメリカ第一」と言ってはばからない大統領の「核の傘」の下にいる日本や韓国、ヨーロッパの国々も、「核の傘」の幻想を捨てて、人類として、地球に住むものとして、真剣に考え行動すべきときに至っています。そのときは今しかありません。時期を失ったら二度とめぐっては来ないでしょう。

第三章　核兵器廃絶か、人類の滅亡か

《一》核兵器廃絶への努力

一九六二年秋にキューバ危機を経験したケネディ大統領とフルシチョフ首相は部分的核実験禁止条約（ＰＴＢＴ）を成立させました。ここから人類の核廃絶の第一歩が踏み出されました。

【一】核実験の禁止

部分的核実験禁止条約（ＰＴＢＴ）の発効（一九六三年）

ＰＴＢＴの正式名は「大気圏内、宇宙空間及び水中における核兵器実験を禁止する条約」であり、地下を除く大気圏内、宇宙空間および水中における核爆発を伴う実験の禁止を定めています。

発効までに一〇八ヶ国（原調印国を含め一一一ヶ国）がこの条約に調印しました。一方で、中国・フランスを含む十数ヶ国は調印しませんでした。また、地下での核実験は除外されていたため、大国の核開発を抑止する効果は限定的でした。

あらゆる空間での核実験を禁止した包括的核実験禁止条約（ＣＴＢＴ）は未発効

一九六三年の部分的核実験禁止条約（ＰＴＢＴ）では、地下核実験は除外されていました。そこでオーストラリアが中心となり、包括的核実験禁止条約（ＣＴＢＴ）の条約案を国連総会に提出し、一九九六年九月、圧倒的多数の支持によって採択されました。

このＣＴＢＴは、あらゆる空間（宇宙空間、大気圏内、水中、地下）における核実験の実施、核爆発を禁止しています。これは、ＰＴＢＴにおいて禁止されていなかった地下核実験をも禁止対象としています。

この包括的核実験禁止条約の発効には一九九六年六月時点で、ジュネーブ軍縮会議の構成国であり、かつ国際原子力機関の『世界の動力用原子炉』および『世界の研究用原子炉』に掲載されている四四ヶ国（発効要件国）すべての批准が必要であると第一四条で規定しています。

二〇一九年二月現在で一八四ヶ国が署名、一六八ヶ国が批准していますが、発効要件国（核兵器保有国を含む四四ヶ国）の批准が完了していないため未発効です。

未発効ですので、ＣＴＢＴ採択以降、一九九八年五月、インド、パキスタンが地下核実験を実施、核保有を宣言しました。さらに、北朝鮮は二〇〇六年以降、地下核実験を繰り返して核保有を宣言しました（ＣＴＢＴ条約が成立していても、これらの国は地下核実験をしたかもしれません）。

　アメリカ、イスラエル、イラン、エジプト、中国の五ヶ国も署名のみで批准せず、インド、パキスタン、北朝鮮の三ヶ国は署名していません。以上八ヶ国が未批准です。

　しかし、この包括的核実験禁止条約にもいろいろ問題があります。まず、臨界前核実験（未臨界核実験）がこの条約の対象外となっています。この包括的核実験禁止条約によっては禁止されていない爆発を伴わない臨界前核実験（未臨界核実験）は条約採択後もアメリカとロシアで繰り返し行われており、核実験そのものは停止されていません。既に技術の蓄積がある核保有国にとってのみ有利な条約との指摘があります。

　このように、大気・水中・宇宙禁止↓地下実験禁止↓未臨界核実験と実験技術が進歩すると次々と新しい核実験法が開発され、いたちごっこが続いています。

　いずれにしましても、ＣＴＢＴは一九九六年の採択以来、発効しておらず、当条約自体の有名無実化が懸念されています。

【二】核拡散の防止

核拡散防止条約（NPT）の発効（一九七〇年）と無期限延期（一九九五年）

核拡散防止条約（NPT）は、一九六三年に国際連合で採択され、一九六八年に、最初の六二ヶ国による調印が行われ、一九七〇年三月に発効しました。

NPTは、正式名称を「核兵器の不拡散に関する条約」と言い、一九六七年一月一日の時点で既に核兵器保有（被許可）国（核兵器国）であると定められたアメリカ、ロシア、イギリス、一九九二年批准のフランスと中国の五ヶ国と、それ以外の国（非核兵器国）とに分けます。

前者の核兵器国については、核兵器の他国への譲渡を禁止し、核軍縮のために「誠実に核軍縮交渉を行う義務」が規定されています。後者の非核兵器国については、核兵器の製造、取得を禁止し、IAEAによる保障措置（原子炉にたまるプルトニウムが軍事利用に転換されるのを防止するように監視、記録検査、現地査察などの措置）を受け入れることが義務づけられ、原子力の平和利用については条約締結国の権利として認めること、五年ごとに会議を開き条約の運営状況を検討することなどを定めています。

この条約は二五年間の期限つきで導入されたため、発効から二五年目にあたる一九九五年にＮＰＴの再検討・延長会議が開催され、条約の無条件、無期限延長が決定されました。採択・発効後も条約加盟国は増加し、二〇一五年二月現在の締結国は一九一ヶ国となりました。

　このＮＰＴはきわめて不平等なものであり、十分な正当性がある条約とは言えないところがあり、安全を脅かされている国などで、加入しない国がありました。しかし、前述しましたように、冷戦終焉の頃から、ＮＰＴに参加したり、あるいは過去に開発をしていたことを公表したりする国が増えました。

　それでも、核兵器保有国であるインドとパキスタンは、条約制定時の核兵器保有五ヶ国にのみ核兵器保有の特権を認め、それ以外の国には保有を禁止する差別条約であるとの考えで未加盟です。北朝鮮は一九九三年三月一二日にＮＰＴを脱退し、二〇〇六年一〇月九日に核実験を実施し、核兵器を保有していますが、未加盟です。核兵器を保有していると疑われているイスラエルも未加盟です。このようにＮＰＴの前途は必ずしも明るくありません。

　その理由の一つは、核保有国の側にあります。核拡散防止条約（ＮＰＴ）は第六条で締約国が「誠実に核軍縮交渉を行う義務」を規定していますが、締約国のうち核保有五ヶ国の核軍縮交渉や実行・実績は上がっていません。また、禁止されていない種類の核実験がしばしば行われています。前述のように米ロの間では、相互の核軍縮は進んでいますが、それはアメリカの圧倒的な軍事的優位のもとで進んでいるのであって、最終的にゼロにまで進むような発展は、近い将来には考えにくいことです。

【三】核兵器用資機材の生産・輸出入の禁止

核兵器用核分裂性物質生産禁止条約（カットオフ条約）は未成立

核兵器用核分裂性物質生産禁止条約（ＦＭＣＴ）とは、核兵器の実験・製造に必要な高濃縮ウランとプルトニウムの生産、および、他国への輸出と技術供与の禁止を目指す多国間条約です。カットオフ条約とも呼ばれます。これは、核兵器に用いられる核分裂性物質の生産を禁止する条約で、新たな核兵器国の出現を防ぐだけでなく、核兵器国（米、ロ、英、仏、中）とＮＰＴ非締約国（インド、パキスタン、イスラエル、北朝鮮）の核兵器生産を制限するものです。

一九九三年にアメリカ政府が提案し、一九九三年の国連総会において条約制定のための多国間交渉を行うことが決議され、交渉はジュネーブ軍縮会議で行うと決定されました。

二〇〇〇年の核拡散防止条約の運用検討会議において、ジュネーブ軍縮会議に対し、核兵器用核分裂性物質生産禁止条約の交渉を直ちに開始し五年以内の条約案採択を目指すことが奨励されましたが、中国政府は核兵器用核分裂性物質生産禁止条約の交渉と宇宙空間における軍備競争の防止（ＰＡＲＯＳ）の交渉を同時に行うことを主張し、アメリカ政府は同時に行うことに反対し、交渉方法に関する米中の主張の対立により、核兵器用核分裂性物質生産禁止条約制定のための交渉は開始されませんでした。これは両方とも重要で、直ちに交渉を始めるべきです。

大量破壊兵器拡散防止構想（二〇〇三年）

二〇〇二年一二月に北朝鮮からイエメンにスカッドミサイルが輸出されるという出来事がありました。ミサイルを搭載していた貨物船はスペイン軍が臨検しましたが、国際法的にミサイル没収の根拠がなかったために、そのままミサイル輸出は実行されました。

そこで、二〇〇三年にアメリカによって大量破壊兵器・弾道ミサイルなどの拡散を防止する安全保障構想（ＰＳＩ）が提唱されました。日本では大量破壊兵器拡散防止構想と呼ばれることもあります。

構想の基本原則は、大量破壊兵器および弾道ミサイルの拡散を阻止するために、各国が連携し、関連物質の移送や関連技術の移転を防ぐことにあります。各国の連携方法として、国際法・国内法の枠内で軍・警察・沿岸警備隊・税関・情報機関・国境警備隊などにおける情報交換・阻止行動が行われます。二〇〇三年九月からはオーストラリアで臨検の多国籍実働訓練が行われました。多国籍実働阻止訓練は年に数回ずつ行われており、二〇一七年時点では一〇五ヶ国の賛同が得られています。

【四】核兵器は人道上許されるか

人類は、一八六八年のサンクトペテルブルグ宣言をはじめとして、一九〇七年のハーグ陸戦条約やジュネーヴ諸条約追加議定書（一九七七年）において、国際人道法上の観点より、無用に人体に苦痛を与える兵器の使用を禁止してきています。

主要な条約として、

① サンクトペテルブルグ宣言（一八六八年。四〇〇グラム以下の炸裂性または爆発性・燃料性の物質を充填した弾丸の禁止）

② 毒ガス禁止宣言（一八九九年。窒息性または有毒性のガス投射物の禁止）

③ ダムダム弾禁止宣言（一八九九年。不完全な外包により人体内で展開する弾丸の禁止）

④ 自動触発海底水雷条約（一九〇七年。水中一時間以内に無害とならない浮游機雷、離繋直後に無害とならない繋維機雷等の禁止）

⑤ ガス使用等の禁止に関するジュネーブ議定書（一九二五年。窒息性・有毒性ガスおよびその類似物並びに細菌学的手段の禁止）

⑥ 細菌兵器（生物兵器）および毒素兵器の開発・生産・貯蔵等の禁止条約（一九七二年）

⑦ 気象兵器禁止条約（一九七八年。地震や台風等を制御し、軍事兵器として利用する気象兵器は、環境改変技術の軍事的使用その他の敵対的使用の禁止に関する条約〈環境改変技術敵対的使用禁止条約〉によって禁止）

⑧ 特定通常兵器条約（一九八〇年。検出不可能な破片の利用兵器、地雷、ブービートラップ（罠）等の装置の使用の禁止）

⑨ 焼夷兵器禁止条約（一九八三年。焼夷弾・ナパーム弾・火炎放射器・火炎瓶ほか。焼夷兵器の使用の禁止又は制限）

⑩ 化学兵器禁止条約（一九九三年）

⑪ 目潰し用レーザー兵器禁止条約（一九九五年。失明をもたらすレーザー兵器の使用禁

止）

⑫　対人地雷禁止条約（一九九七年）

⑬　クラスター爆弾禁止条約（二〇〇八年）

しかし、人類が生み出した最大の無差別兵器である核兵器の使用を直接に禁止した条約はありません。そのため、核兵器使用の合法性、非合法をめぐっての対立が続きました。

核兵器使用は国連憲章違反（国連総会決議―一九六一年）

一九六一年の国連総会の核兵器使用禁止決議は、核兵器・熱核兵器の使用は「国連憲章の直接の違反」であると同時に、無差別の苦痛と破壊をもたらし、「国際法規と人道法に違反する」としました（総会決議一六五三。ただし、米、英、仏、中、加、伊等の諸国は反対しました）。

日本への原爆投下は違法（日本の原爆判決―一九六三年）

日本の原爆判決（一九六三年）は広島、長崎の原爆投下を違法としました。判決によれば、「無防守都市に対する原子爆弾の投下行為は、盲目爆撃と同視すべきものであって、当時の国際法に違反する戦闘行為である」。さらに、原子爆弾の破壊力は巨大であるが、それがはたして「軍事上適切な効果」を持つか、「またその必要があったかどうか疑わし」く、サンクトペテルブルグ宣言やハーグ陸戦規則（第二三条ホ）等の諸条約にかんがみると、「原子爆弾のもたらす苦痛は、毒、毒ガス以上のものといっても過言ではなく、このような残虐な爆弾を投下した行為は、不必要な苦痛を与えてはならないという戦争法の基本原則に違反している」としています（東京地裁三八・一二・七）。

核兵器に対する国際司法裁判所の勧告的意見（一九九六年）

一九九六年七月、国際連合総会による「核兵器による威嚇又はその使用は、何らかの状況において国際法の下に許されることがあるか」という諮問に対して、国際司法裁判所は、「核兵器の威嚇または使用は武力紛争に適用される国際法の規則に一般的には違反するであろう」としながらも、「国家の存亡そのものが危険にさらされるような、自衛の極端な状況における、核兵器の威嚇または使用が合法であるか違法であるかについて裁判所は最終的な結論を下すことができない」としました。

以下国際司法裁判所の多数意見を論点ごとに見ます。

◆適用法規――この問題に最も関連する適用法規は、国連憲章中の武力行使に関する規定、および敵対行為を規制する武力紛争に適用される法であると裁判所は判断する。

◆核兵器の特性――様々な条約による核兵器の定義によると、核兵器とは核分裂や核融合によって甚大な熱エネルギーと放射線を放出する爆発装置である。その特徴は他の兵器よりもはるかに甚大な被害をもたらし、放射線の影響を残すことにある。こうした核兵器の特性により核兵器は潜在的に破滅的な力を持ち、その使用による効果は時間的にも空間的にも限定されず、地球上の全ての文明と生態系を破壊しうる。放射線は自然環境にも広範囲にわたり影響を与え、未来の世代にも深刻な危険を与える。

◆国連憲章と核兵器――国連憲章第二条四項には「すべての加盟国は、その国際関係において、武力による威嚇又は武力の行使を、いかなる国の領土保全又は政治的独立に対するものも、また、国際連合の目的と両立しない他のいかなる方法によるものも慎まなければならない」と定められており、これは同四二条や同五一条などの関連規定に照らして判断されなければならないが、これらの規定は核兵器を含め特定の兵器に言及しておらず、使用される兵器の種類を問わず全ての武力行使に適用される規定である。

◆武力紛争に適用される法と核兵器――核兵器の使用それ自体を規制する特定の国際法規則が存在するかどうかについて、核兵器を含めある特定の兵器が違法である場合にはその兵器を禁止する形で定められる。毒ガス禁止宣言、ハーグ陸戦条約附属ハーグ陸戦規則第二三条が言うところの「毒又ハ毒ヲ施シタル兵器」、毒ガス議定書などの解釈は様々であるが、少なくともこれらの条約の当事国はこれらの規定を核兵器に当てはまるものとしては扱ってこなかった。生物・毒素兵器禁止条約や化学兵器禁止条約にも核兵器を特定して禁止する規定は見られない。近年核拡散防止条約の無期限延長との関連でトラテロルコ条約などといった非核兵器地帯条約が締結され、核兵器の使用についても取り扱っているが、しかしもっぱら核兵器の取得・生産・保有・配備・実験を扱うこれらの条約は、核兵器の使用を禁止する条約ではない。

◆国際慣習法と核兵器――国際慣習法が形成されるためには、大多数の国家による同様の行為の反復（一般慣行）と、その行為を行う国家にそれが国際法に基づいたものであるという認識（法的信念）が必要とされる。核兵器使用を違法とする国々は一九四五年以来核兵器が恒常的に使用されていないことを、核兵器保有国の法的信念の現れであると主張する。それに対し、ある特定の状況における核兵器の威嚇または使用の合法性を主張する国々は、核抑止理論の実践を援用し、核兵器が使用されなかったのは単に幸いにもその使用を正当化するような状況が発生しなかったからだと主張する。裁判所は、冷戦の間一定の国々が核抑止政策に依拠し続けてきたことは事実であることに鑑み、また国際社会の構成員の間で意見が大きく分かれていることからも、核兵器の威嚇または使用全般を違法とするような法的信念の存在を認めることはできない。

◆国際人道法および中立法と核兵器――国際人道法諸文書の基本的原則は、民間人・民用物の保護を目的とする戦闘員と非戦闘員の区別に関する第一原則、戦闘員に不必要な苦痛を与えることを禁じる第二原則が存在し、これらの原則に照らし国家は使用する兵器について無制限な自由を有するわけではない。

そして、判決主文は、

①意見要請の可否―勧告的意見の要請に応じることを決定する。（賛成一三／反対一）

②諮問への回答

A. 核兵器の威嚇または使用を特段認可する国際慣習法や条約法は存在しない。（全員一致）

B. 核兵器の威嚇または使用を包括的かつ普遍的に禁止する国際慣習法や条約法も存在

しない。（賛成一一／反対三）

C．国連憲章第二条四項に違反し、かつ同第五一条の要件を満たさない、核兵器を用いた武力による威嚇・武力の行使は違法である。（全員一致）

D．核兵器の威嚇または使用は武力紛争に適用される国際法の要件、特に国際人道法上の原則・規則や、明示的に核兵器を取り扱う条約、その他の国際約束の下での義務に適合するものでなければならない。（全員一致）

E．以上のことから、核兵器の威嚇または使用は武力紛争に適用される国際法の規則、特に国際人道法上の原則・規則に一般的には違反するであろう。しかし、国際法の現状や裁判所が確認した事実に照らすと、国家の存亡そのものが危険にさらされるような、自衛の極端な状況（extreme circumstance of self-defence）における、核兵器の威嚇または使用が合法であるか違法であるかについて裁判所は最終的な結論を下すことができない。（賛成七／反対七）

F．厳格かつ実効的な国際管理のもとで、全面的な核軍縮に向けた交渉を誠実に行い、その交渉を完結させる義務がある。（全員一致）

以上ですが、ずばり核兵器を禁ずる国際法（条約など）がないので、他の条約などから論じています。司法となれば、致し方ないことです。したがって、人類は積極的に核兵器禁止法を作るしかありません。

Ｅの「国家の存亡そのものが危険にさらされるような、自衛の極端な状況」という概念は、それまでの国際法には見られなかった全く新しい概念で、通常の自衛権行使よりも厳しい要件が求められるのか、「一般的に違反」の例外的状況を一つ挙げたにしか過ぎないのか、適用すべき法規が存在しないこと、いわゆる法の欠缺《けんけつ》を認めたのかなど、解釈は大きく分かれています。

まさに核兵器の本質はここにあり、ある核保有国などが戦争などで進退窮まったときに、核兵器の特性（地球上のすべての文明と生態系を破壊しうる）に鑑みて核使用を自制するのでしょうか、それとも「自国民」の自衛のために核兵器を使うのでしょうか。

過去の人類の特性から見て、（もちろん、核兵器はありませんでしたが）「死なばもろとも、為政者自身が死ぬのなら国民もろとも」と玉砕的結末を選んだ事例にことかきません。核兵器がそこに存在するなら、為政者はあとはどうなろうと使ってしまいます（現にヒトラーが先に核を持ったら大変とアメリカはマンハッタン計画に着手したのではありませんか。ヒトラーが原爆を持っていたら敗戦間際に躊躇なく使ったでしょう。現にヒトラーは、イギリスの無差別都市空襲に対して、どんな手段でもいいから被害が甚大になる報復手段を求めました。日本の軍部も一億総玉砕を叫びましたが、核兵器があれば、当然、使ったでしょう。前述しました第四次中東戦争の緒戦でイスラエルも核使用を考えました。現代の国民国家の人間とはそういうものだということです。核兵器がなかったから使いませんが、今後、持っていれば、その国家が進退窮まったときには、前後のことは考えず使うと考えた方がいいでしょう。その結果は取り返しがつかなくなろうとも（結果として、人類滅亡になろうと）、ときの為政者はやると考えた方がいいでしょう。今後、テロ組織が核兵器を持てばどうなるか、現在でも自爆攻撃に躊躇しませんから、核兵器を持てば使うでしょう）。

現代のアメリカ、あるいはロシア、中国（その他の核保有国も）がそうしないとは誰も言えないのです（これらの国でも時々、軍幹部などが核兵器で少々の人口が減ってもかまわないという発言をしています）。だからそれができないような仕組み、社会システムを作っておかねばならないのです（「F．厳格かつ実効的な国際管理のもとで、全面的な核軍縮に向けた交渉を誠実に行い、その交渉を完結させる義務がある」と言っています）。

この国際司法裁判所の判決からわかることは、やはり、人類は核兵器そのものを事前にこの世からなくしておく、厳格かつ実効的な国際管理しかない、つまり、核兵器を違法とし、核兵器禁止法を作り、核保有国の違法性を人類として糾弾して、核保有国の国民自らが人類共存が最上の道であると一人ひとり自覚して核兵器の放棄を自国国家に要求するようにするしかありません。

ＮＰＴでは、現状を永続させるだけ

ＮＰＴで核兵器保有を認められた五ヶ国（核兵器国）の国民は、国際法で核兵器を持つ権利が与えられているのだから、違法でも何でもなく、核兵器を持っているのは当然であると思っている限り、核兵器国の為政者は核兵器廃絶の努力はしません。ＮＰＴで核兵器の他国への譲渡を禁止し、核軍縮のために「誠実に核軍縮交渉を行う義務」が規定されていても、「核軍縮交渉」を行っておればいいのであって（時代時代に核兵器を増減すればいい）、決してゼロにする必要はありません。ＮＰＴは、無期限になったのですから、ずーっとそれを続ければいいわけです。

ＮＰＴは、不平等だとして、ＮＰＴに入らずに核兵器を保有したインド、パキスタン、北朝鮮などは、ＮＰＴの五ヶ国がある限り主張する根拠があるので、当然、自発的に核兵器を放棄することはありませんし、その国民も当然、放棄する必要はないと思うでしょう。つまり、もはやＮＰＴは現在の核兵器体制を固定し、無期限に延長させる根拠になっているのです（既得権益になっています）。

これを打開する道は、核兵器禁止条約を作り、核保有国の国民に人間として本当に核兵器を持っていてよいかどうか、人類はこのまま存続できるかどうかを考えてもらうしか方法はありません。

そして核兵器禁止条約に基づき、非核保有国の国家すべてが団結して、核保有国（現在の九ヶ国）の違法性を指摘して追い込む。そのためには非核保有国の国民がすべて自国家を核兵器禁止条約に加盟するように追い込むしかありません。つまり、人類七八億人がすべて核兵器の廃絶に賛成するようにならなければ、なりません。

これは遠い道のりのように見えますが、現在は、地球人七八億人に直接訴える手段もできましたので、それは可能であり、もっとも確実な方法です（状況がわかれば、人間である限り、核兵器を違法でないと思う人間はそんなにいないでしょう）。核保有国の権力者（国家）は決して、ある段階まで（追い込まれるまで）、自発的に権力を手放すことはありません。そのような意味で南アフリカのデクラーク大統領には頭が下がります。

核兵器は、あらゆる法規や規則があてはまらないほどの被害を出すので、明らかに武力紛争法（かつての戦時国際法）違反であることを国連の場で強調するしかありません。しかし、アメリカが発明し初めて使ったので、また、現在の戦略が核兵器を中心に組み立てられているので（軍産複合体の基盤ですので）、核兵器は「違法」でないと強く言い張るでしょうが、これが人道上違法でないとしたら、すべての兵器が違法でないようになってしまいます。核廃絶への道の第一歩は、核兵器の違法化を世界中の人々にとことん知らしめ、これを根拠に反核システムを組み立てていくことしかありません。

国連での核兵器廃絶決議（一九九四年〜）

一九九四年一二月一五日、第四九回国際連合総会に「核兵器の究極的廃絶に向けた核軍縮決議」（核兵器廃絶決議）がかけられ、採択されました（賛成一六三、反対〇、棄権八）。この決議は以後毎年決議され、二〇一八年一二月五日の決議で連続二五年になりました。

二〇〇八年は賛成が史上最多の一七三ヶ国となり、二〇〇九年はアメリカ（オバマ大統領のとき）が初めて共同提案国となりました。

非核兵器地帯の拡大

もう一つの核兵器削減の努力として、核兵器を条約により禁止した非核兵器地帯（Nuclear weapon Free Zone／ＮＷＦＺ）を設定し、それによって地球上を覆い尽くそうというものです。人類の「非核兵器化」のいわば「見える化」です。一九五九年の南極条約以来、各地域で非核兵器地帯が条約で設定されました。

非核兵器地帯（ＮＷＦＺ）は、核兵器を条約により禁止した地域です。単に非核地帯（ＮＦＺ）と呼ぶ場合も多いのですが、より正確には「非核地帯」とは核兵器だけでなく、平和的核爆発や原子力発電所なども禁止した地域です。

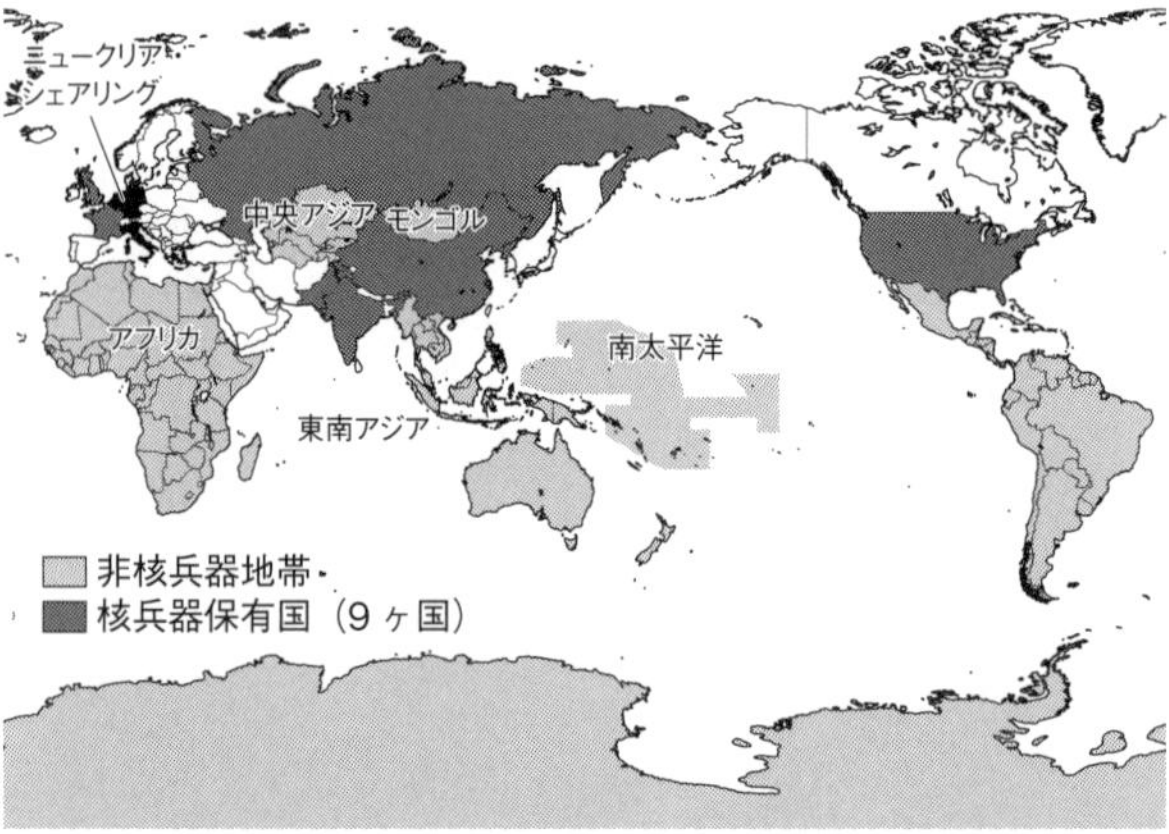

図5. 核兵器保有国（九ヶ国）と非核兵器地帯

現在の非核兵器地帯を図5に示します。一部の条約には核保有国も参加しています。非核兵器地帯の条約は、該当地域の各国による核兵器の使用（開発、核実験、保有、配備、実際の使用など）の禁止だけではなく、付随する議定書によって、核保有国が非核兵器地帯への核兵器による攻撃や攻撃の威嚇を禁止する内容も含んでいます。こちらは核保有国の条約参加（署名および批准）が必要であり、必ずしもすべての核保有国が参加しているわけではありません。

非核兵器地帯をまたがった動きでは、二〇〇五年四月二六日、メキシコで初の非核兵器地帯条約加盟国・署名国会議が開催され、中南米、アフリカ、東南アジア、南太平洋の四つの非核兵器地帯に属する九〇ヶ国以上が参加しました。

二〇〇九年時点までに非核兵器化を進めている地域には、海底・宇宙の他に以下があります。

①　南極《南極条約》一九六一年六月二三日発効

②　中南米《ラテンアメリカ及びカリブ核兵器禁止条約（トラテロルコ条約）》一九六八年四月発効

③　南太平洋《南太平洋非核地帯条約（ラロトンガ条約）》一九八八年一二月発効

④　東南アジア《東南アジア非核兵器地帯条約（バンコク条約）》一九九七年三月発効
⑤　アフリカ《アフリカ非核兵器地帯条約（ペリンダバ条約）》二〇〇九年七月発効
⑥　中央アジア《中央アジア非核兵器地帯条約（セメイ条約）》二〇〇九年三月発効
⑦　モンゴル《モンゴル非核兵器地位宣言》一九九二年
⑧　旧東ドイツ《ドイツ最終規定条約》一九九〇年九月一二日署名
⑨　ウクライナ《ウクライナ主権宣言》一九九六年六月

以上、非核兵器地帯の面積は八四〇〇万平方キロメートル、一一六ヶ国におよんでいます（国数では半分を超えています）。

地球上の残りの地域は「非核兵器化されていない地域」です。北米、ヨーロッパ、ロシア、東アジア（中国、朝鮮半島、日本など）、南アジア、中東など、つまり北半球の大半の地域は非核兵器化されていません。北極も戦略原子力潜水艦が活動する戦略上重要な地域であるため、非核兵器化されていません。

非核兵器化されていない地域は、核兵器の開発・保有国（現在九ヶ国）、核兵器を配備している国、潜在的核開発国または核開発に関心を持っている国、核兵器搭載艦船・軍用機の立ち寄る国、核保有国の安全保障条約・集団的自衛権（いわゆる「核の傘」）の下にある国など、いくつかに分かれています。
これらの国々でも、過去に非核兵器化が模索されたことがあります。
・朝鮮半島非核化宣言——一九九一年一二月、大韓民国と朝鮮民主主義人民共和国が署名し、一九九二年二月、批准書を交換しましたが、北朝鮮の核実験（二〇〇六年）により、破られたと考えられています。
・南アジア、非核兵器地帯の提案——一九七四年一二月、国連総会でパキスタンが提案しましたが、その後、インドの核実験（一九七四年）、インドの再核実験（一九九八年）、パキスタンの核実験（一九九八年）があり、実現していません。
・中東非核兵器地帯の提案——一九七四年、国連総会でイランとエジプトが提案し、決議が採択されましたが、その後、イスラエル国防軍の核兵器保有問題、イラク武装解除問題、イランの核開発問題などが起きています。
・東欧——冷戦終了後、ＮＡＴＯの東方拡大までの間、非核兵器地帯化が模索されました。

国連で核兵器禁止条約が成立（二〇一七年）

二〇一七年七月七日に国連総会で一二二ヶ国・地域の賛成多数により、核兵器禁止条約が採択され、二〇二〇年一〇月に発効に必要な五〇ヶ国の批准に達したため、二〇二一年一月二二日に発効しました。

核兵器保有国（ＮＰＴ上のアメリカ合衆国・中国・イギリス・フランス・ロシア、及びインド・パキスタン・北朝鮮）は不参加でした。当初は条約に賛成だった北朝鮮は、核兵器の開発に成功後、不参加に転じました。

アメリカ軍による核の傘の下にあるカナダやドイツなどＮＡＴＯ加盟国（オランダのみ参加し反対票）や、アメリカとの軍事同盟を結ぶ日本・オーストラリア・大韓民国なども不参加でした。反対票を投じた国はオランダの一ヶ国、棄権した国はシンガポールの一ヶ国でした。あとはほとんどの国が賛成しました。

さて、核兵器禁止条約は、正式には「核兵器の開発、実験、製造、備蓄、移譲、使用及び威嚇としての使用の禁止ならびにその廃絶に関する条約」であり、核兵器の全廃と根絶を目的とした画期的な国際条約です。ただし、平和目的での原子力の保有（原子力発電）は禁じていません。

いかなる核兵器の使用も国際人道法に反すると断じ、核兵器を全面的かつ完全に禁止して、その廃絶への道筋を定めた史上初の条約です。同時に、各被害者に対する援助や核汚染からの環境回復も定めています。待ちに待っていた条約が成立しました。

　この条約では、前文において被爆者の苦痛に対する憂慮とともに国際人道法の原則が、核兵器廃絶に関して再確認されています。

　第一条において、（ｉ）核兵器その他の核爆発装置〈以下「核兵器」と言います〉の開発、実験、生産、製造、取得、保有又は貯蔵、（ⅱ）核兵器又はその管理の直接的・間接的な移転、（ⅲ）核兵器又はその管理の直接的・間接的な受領、（ⅳ）核兵器の使用又は使用の威嚇、（ｖ）この条約が禁止する活動に対する援助、奨励又は勧誘、（ⅵ）この条約が禁止する活動に対する援助の求め又は受け入れ、（ⅶ）自国の領域又は管轄・管理下にある場所への核兵器の配備、設置又は展開の容認等を禁止することについて規定しています。

　この条約の特徴は、核兵器または核爆発装置を所有、保有、管理していた締約国が申告を要する点にあります。

　なお、核兵器禁止条約の国連総会への採択を含め、条約の推進には二〇〇七年に核戦争防止国際医師会議から独立して結成された核兵器廃絶国際キャンペーン（ＩＣＡＮ）の貢献が大きいとされ、同団体は二〇一七年一〇月六日にノーベル平和賞を受賞しました。

支持されなくなる日本の核兵器廃絶決議

核兵器禁止条約が採択されたのに、日本はそれに参加せず、従来の核兵器廃絶決議を二〇一七年一〇月二七日に提出し、一四四ヶ国の賛成で採択されました。核兵器禁止条約に触れず、核兵器の非人道性の表現を弱めたことなどから、核保有国である米英仏の支持を得られた半面、賛成は昨年から二三ヶ国減りました。被爆国として核廃絶を訴えながらも、核兵器禁止条約に賛同しない日本の核政策には、多くの国が失望を表明しました。

二〇一七年の決議案で批判が集まった中に、二〇一六年の「核兵器の完全な廃絶を達成」という「明確な約束」を再確認する文言が、「達成」部分が削除され「核不拡散条約（ＮＰＴ）の完全履行」に後退した点があります。前述しましたようにＮＰＴは核保有国にとって既得権化しています。看板に偽りありで、「核兵器廃絶決議」ではなく、「ＮＰＴ擁護決議」になってしまいました。ＮＰＴは核の使用を禁じていません。日本政府は、核保有国の支持を得るため交渉を重ねた結果、この表現でしか折り合えなかったということですが、もともと核保有国は反対するのは当然で、日本が核保有国が賛同するような条約を目指しても意味ないことです。つまり、ＮＰＴが核保有国にとって既得権化してしまったのと同じように、二五年間続いてきた核兵器廃絶決議は「ＮＰＴ擁護決議」として既得権化してしまえば、今後、存在価値がなくなり消滅してしまうでしょう。

日本は唯一の戦争被爆国であり、戦後、非核三原則の政策をとっていた日本が核兵器禁止条約に参加しないことに、核廃絶を進めている世界の国々はそのうち日本に失望するだけでなく、裏切りとみなすでしょう。

日本政府はともするとアメリカの「核の傘」の下にある場合は、核兵器禁止条約に賛同できないのはやむをえないような説明をしていますが、実際にはそうではありません。

NATOの北大西洋条約であれ日米の安保条約であれ、これら軍事同盟条約は核兵器について直接には規定していません。核兵器禁止条約もまた、核兵器国と同盟関係にある国が加入することを禁止しているわけではありません。同条約が禁止しているのは、核を持たない国が他国による核兵器の使用などを「援助、奨励」することです。こうした「援助、奨励」をしないと確約する限り、理論上、これら同盟国が禁止条約に加入することは可能です。

たとえば、日本は、対人地雷禁止条約に加入しており、アメリカは加入していません。日本は、自ら対人地雷を持たないというだけでなく、アメリカの地雷を輸送するなどの「援助、奨励」はしないと決めています。核兵器についても同様の線引きをすれば、禁止条約に加入することは可能となります。

人類は核兵器禁止条約をテコに核廃絶へ

核兵器が開発されてから七五年になります。この七五年で人類はやっと核廃絶への具体的な手段を手に入れました。非核兵器地帯の拡大と核兵器禁止条約をテコに核保有国を包み込んで核廃絶に追い込むことしかありません。

はじめにでも述べましたように人類の長い歴史から見て、「絶対兵器」とも言える核兵器を保有した国が自発的に核兵器を放棄するとは考えられません。一般に核保有国の国民もいったん手にした既得権を手放さないでしょう。現在、そのような核保有国が九ヶ国です。しかし、ＮＰＴ体制では、時間が経つにつれて、「絶対兵器」の核兵器を保有する国は増えていくばかりです。結局、人類絶滅の危険度はますます高まっていくことになります。

しかし、彼らも人間です。人類として、人類の存続を願って、究極兵器と人類の存続が両立しないとわかれば、自国家に核兵器の放棄を要求する国民も出てくるでしょう。特にアメリカ国民は、オバマが言ったように、核兵器を生み出し、それを人類の上に投下し、世界中に波及させ、今後、人類に半永久的に苦しみと恐怖を与える（ケネディは「大量破壊の暗黒のとばりの中」と言いました）道義的な責務を負っています。それを（地球温暖化の危機や新型コロナの危機と異なって）アメリカ国民の決断一つで消滅させることができるのです。現在のアメリカが常任理事国を説得すれば、常任理事国は核兵器廃絶（国連管理）でまとまるでしょう。これが一〇年、二〇年先になると、まとまるかどうか、わかりません。世界をまとめる国が存在するかどうかもわかりません。

本書で述べてきましたように過去の七五年をかえりみますと、相互に話し合って徐々に減らすなどということもありえないでしょう。核兵器の性格からして相互不信の繰り返しで、結局、核破壊力の増大、人類絶滅の可能性の増大の道をたどるでしょう。時間が経てば経つほど、廃絶は難しくなります。

今人類は正念場に立っています。七八億人の全人類に真実を伝えて、この危険極まりない地球の現状を知らしめて、どちらの道を選ぶか、全人類に選んでもらう手段も手にしています。アフリカだろうと南米だろうと、世界中の人々にインターネットでこの状況を知ってもらって、それぞれの国の為政者に、国民が働きかけることしかありません。

核兵器禁止条約が発効しました。これが国際的な法規範として定着すれば、仮に核保有国がすぐには加入しなかったとしても、事実上の効力を持つことになります。政治的には、核を使用すれば犯罪行為と見なされる核兵器の価値は低下します。経済的には、核兵器の製造が非人道的行為とみなされ、企業や銀行がこれらの行為から手を引きます。社会的には、核兵器は悪であるという認識が高まり核軍拡や核拡散への抑止力となります。核保有国の為政者や教育者は未来を背負う自国の子供たちに、国際法違反、人道法違反の核兵器をどう説明したらよいでしょう。わが国民は神から許された特別な国民であると説明するのでしょうか。それを信じる子供がいるでしょうか。子供は純粋です。「どうして?」と聞いてくるに決まっています。人間の人間たる基盤を揺るがすことになります。

ICANの今後の活動

ICANの今後の活動は以下の通りだと聞いています。

① 核兵器禁止条約になるべく早く五〇ヶ国の批准を集め、これを発効させる（前述のように発効しました）。

② 一〇〇ヶ国の署名を早期に達成すること。これは、国連加盟国の過半数という目標でもあります。締約国が多ければ多いほど、条約が持つ規範力は強くなります。

核保有国や核依存国に対してはどうするかですが、これらの国はすぐには条約に加入しないだろうと想定し、まずは政府ではなく市民社会において核兵器に「悪の烙印《らくいん》を押す」取り組みに力を入れるということです。

その第一は、都市が核兵器禁止条約への支持を表明する「シティー・アピール」です。

第二に、銀行に核兵器製造企業からの投資引き揚げを促す「核兵器に金を貸すな」キャンペーンです（これは地球温暖化防止と連携してやったらいいと思います。両方とも国連の任務です。核兵器危機も地球温暖化危機も全人類の未曽有の危機です）。核兵器禁止条約採択以降、少なくとも世界で三〇の銀行が核兵器製造企業への投資をやめています。日本では二〇一八年一一月に、りそなホールディングスが核兵器製造企業と取り引きをしない方針を初めて発表しました。

第三に、国会議員が核兵器禁止条約批准に向けて取り組む「議員誓約」です。これにはすでに、世界三〇ヶ国以上から約一〇〇〇人の議員が賛同しています。

核兵器使用は人類の倫理違反とローマ教皇

二〇一九年一一月二四日、一三億人の信者を抱えるローマ・カトリック教会のトップ、フランシスコ教皇が長崎と広島を訪れ、核兵器廃絶を訴えました。教皇は広島の演説で「戦争のために原子力を使うことは、現代において、犯罪以外の何ものでもありません。戦争目的での原子力の使用は倫理に反します。紛争の正当な解決策として、核戦争の脅威で威嚇することに頼りながら、どうして平和を提案できるでしょうか。真の平和とは、非武装の平和以外にありえません」とはっきり核兵器は犯罪であり、倫理に反すると述べ、非武装の平和しかありえないと訴えました。

長崎の演説では、（国家の立場になると核武装はやむを得ないという政治家の主張に対し）「核兵器のない世界が可能であり必要だという確信を持ち、政治をつかさどる指導者の皆さんにお願いします。核兵器は、安全保障への脅威から私たちをも守ってくれるものではない、そう心に刻んで下さい」と「核の傘」に入りながら平和について語るだけの国々の姿勢も非難しました。

一方で、教皇は相互不信をなくす取り組みは、政治指導者だけの課題ではないと指摘し、「すべての人に関わる、これからの世代に対する責務だ」と語りました。今後、核軍縮を再び前進させる策として、教皇は広島で三つの行動を呼びかけました。未来の世代に「二度と繰り返しません」と言い続けるために「記憶すること」。自分だけの利益を追わず、平和に向かって「ともに歩むこと」。そして、原爆と核実験、紛争の犠牲者の名のもとに「戦争や兵器はもういらない」と叫び、平和を「守ること」――。

また、教皇はローマに向かう特別機内で記者会見し、カトリックの教理に「核兵器の所有と使用は倫理違反」と明記する方針を明らかにしました。また、原子力発電について「安全が保障されていない限り、核エネルギーは使うべきでない」と述べ、「将来のエネルギー源について、勇気ある重大な決断が必要だ」と原子力エネルギーの利用の見直しを全世界に訴えました。

ローマ教皇だけでなく、世界の全宗教団体の長が、核兵器は人類の倫理違反であると説いてくれることを祈ります。

《二》核廃絶は覇権国家アメリカの時代にしかできない

核抑止論、相互確証破壊で維持されてきた核システム

冷戦期を振り返りますと、核兵器が使われず、平和を保つことができたのは、確証破壊の核抑止論があったからだという説がありますが、これも両陣営が作った物語であるとも

言われています。

一九六二年のキューバ危機のときは、まだ、爆撃機が主体で核ミサイルは少数でした（特にソ連はそうでした）。このとき、ケネディとフルシチョフは一三日間、両国の国民の命を両肩に感じて地獄の苦しみを味わいました。現在のシステムがどんなに進歩していても、両者が一三日苦しんだこと（この間に相互に裏で駆け引きをしました）を現在の為政者が三〇分（本当は数分）で決断することなど絶対にできません。このとき、米ソのホットラインもできました。ケネディはその後、核廃絶を言い始めましたが間もなく暗殺されてしまいました。フルシチョフも失脚しました。

両国はその後、核軍拡を行って、ソ連崩壊まで膨大な核システムを抱えて睨み合っていました。しかし、核抑止論の実際においては、キューバ危機以降の核システムは儀式のようなもので米ソともボタンを押さないという暗黙の了解のもとに成り立っていたと言われています。大統領がボタンの指示をすることになっているという建前でしたが（現在も大統領の随行者が核のボタンが入ったカバンを持ち歩いていると言われています）、前述のような短時間に人間は全人類の運命を決めるような決断はできません。そのような前提のシステムであったから、何も起きなかったのです。

これには、ひとたび使えば確実かつ完全に報復されてしまう、まったく使える見込みのない核兵器システムのために巨額の資金や労力を注入し続けることにどれほどの意味があるかという指摘もありました。しかし、今さら簡単に廃絶することもできないということで続いていました。

冷戦後も、米ロは何度かの戦略核兵器の削減交渉を行い、ミサイルの配備数を減じる要求を相互に提示し、双方とも相互確証破壊の維持を大前提とし、この状態を崩す削減要求は受け入れないで、つまり、米ロは核抑止論の前提のうえで、可能な限りの核削減を行っていたのでしょう。

無駄と言えば、これほど大きな無駄はありませんが、官僚とは無駄であろうと何であろうと現在をやり過ごせば、それでいいのだということでしょう。現在の米ロのシステムもその延長で惰性的に運用されているのでしょう。そこに中国などの新規参入国が増えると一体どうなるか。それは誰にもわかりません。

核抑止論、相互確証破壊を意に介さない国家・集団の出現

ところが核抑止論をまったく意に介さないものが（たとえば無国籍テロ集団など責任を

持つ国家を欠いた集団が核武装した場合）、現れるのも時間の問題であり、核兵器を人質に法外な要求を出されたらアメリカも打つ手がないでしょう。核抑止論が破綻するのは時間の問題です。

現在、テロリストがミサイルを簡単に撃っていますが、あれが将来（核がきわめて小さくなると）、小型の核弾頭になったら、始末に負えなくなります。トランプ大統領は今度は「使いやすい核兵器」を開発すると言っていました。そう為政者が言って、いつもアメリカが画期的な兵器をこの世に出すのです。その一〇年後には（安くなって大量生産され）テロリストが使うのです。最近の例では、ドローン攻撃機です。あれに小型核を乗せればいいのです。

現在では、新たに核武装を行う国家がいろいろ現れました（イスラエル、インド、パキスタン、北朝鮮など）。これらの国も新たに核武装を行い、さらに核を増強する理由についても、相互確証破壊の考えがあり（新核武装国家も国民を持っていますから）、想定する敵対国の核攻撃に対して確実に応酬ができるようにすることを掲げて、ミサイル技術などの諸分野に注力することでしょう。アメリカ以外の核保有国は主要な敵対国に核ミサイルを向けることは勿論ですが、いずれの国もアメリカに対しても核ミサイルを向けることでしょう。なぜなら、アメリカに消される恐れがあるからです。核兵器の世界は基本的に先手必勝の世界です（本当は必勝ではなく相互の必滅ですが）。

これに対抗する手段としてアメリカがＢＭＤの構築を図ろうとすることは決して利口な考えではないでしょう。なぜなら、核攻撃側はちょっと知恵があれば、アメリカが張り巡らした核ネットに引っかかるようなバカな攻撃はしないでしょう。彼らは、今や、きわめて柔軟な攻撃態勢をとることが可能となり、アメリカはそれに完璧に対応することは不可能であるからです。

現在ではＧＰＳがありますから、無人航空機（ドローンなど）、無人自動車、無人船舶、無人潜水艦、……いくらでもできます。それぞれがＡＩ（人工知能）付きですから、いつ、どこからやられるかわかりません。やがて小型核爆弾は何にでも積めるようになるし、攻撃の対象となる原発は何十、何百とあります。すべてを取り締まればよいと言い張る者も出るでしょうが、それではアメリカ国家が成り立たなくなります。最近の報道では（スノーデン事件）、アメリカはすでに世界中を盗聴する前代未聞の警察国家になったようですが、それであってでも限界があります（最近は、中国もアメリカ並み、あるいはそれ以上の警察国家になったと言われています）。

アメリカは再び第二のＳＤＩ構想であるＢＭＤ構想を作り出して、そして二〇一九年にはトランプ大統領がＩＮＦ全廃条約を破棄して、世界に危機を煽り始めたと言えます。

政治家は、絶えず、相手国の中枢をたたき、自国に飛んでくる核ミサイルは一〇〇％たたき落とすシステムを科学技術者に開発させようとしましたが（レーガンがそうでした）、それは原理的にありえないのです。まさに核の威力が大きすぎるのです。その気になれば、今の技術で一〇〇メガトン、二〇〇メガトンでも可能です。原爆、水爆、中性子爆弾、……考えれば、原理的には地球をも一気に破滅させる兵器も作れます。戦争に生き残っても多量の放射能やオゾン層の破壊などで早晩人類は絶滅です。

しかし、何のためですか。

ＢＭＤを一％でもすり抜けたらアメリカ国民は致命的な被害を受けることを真剣に考えたことがあるのでしょうか。なぜ、アメリカの為政者は、誰を相手にそのような危機にアメリカ国民を陥れる必要があるのでしょうか。やはり、軍産複合体の利益のためですか。これだけの軍事費とその頭脳を国民のために使えば、もっとアメリカ国民は豊かになります。今当面している貧富の格差の拡大や医療福祉、教育システムの改善が図られ、やはり、アメリカだと世界の信頼を取り返せます。トランプとは真逆の意味でアメリカ・ファーストが実現します。

核兵器は「オール・オア・ナッシング」の技術、ゼロか絶滅か

第二次世界大戦後のアメリカは、いつもアメリカから仕掛けて、そして、今、アメリカが当面する危機と言って高度兵器システムを開発し、技術で解決できると言って軍事技術を高め、軍拡を進めてきました。アメリカ国民だけでなく、同盟国にもそれを（トランプは）強要してきました。

もともと第二次世界大戦後、世界最強国のアメリカに戦争を仕掛けようとした国があるのでしょうか。歴史上、ただ一国ありました。一九四一年の日本だけです。戦後のソ連はアメリカの核におびえて、防御的に核大国になったのです。中国も同じです（途上にありますが）。

この核という一連の兵器群の「矛」の威力を一〇〇％阻止する技術は存在しないのです。核兵器は「オール・オア・ナッシング」なのです。このことは、本書にも記しましたように、原爆を開発したアメリカの科学者自ら原爆使用前も使用後も縷々言ってきたことです。これが出現してしまった（パンドラの箱を開けてしまった）からには国連管理しかないと

アメリカの科学者も官僚も言っていたことです。

核兵器を廃絶させるか、人類が絶滅するかです。今、必要なのは、技術ではなく、人間の叡智です。ただ、「核を持たない」それだけでいいのです。人間が作ったものですから、そう決断すれば、それで終わりです。そこが地球温暖化問題や新型コロナ・パンデミックとは本質的に異なります。地球温暖化も人為的なことが原因ということでは同じですが、地球温暖化はすでに排出してしまった温暖化ガスの蓄積量と七八億人の日々の生活が関わりますから、これを阻止することは簡単ではありません（これからの三〇年、人類全力を上げて、これの阻止に集中しなければ阻止できません。その前に核兵器廃絶をしておかないと人類は結局絶滅してしまいます）。

人類の過去の兵器開発の歴史を見ますと、中間はないのです。兵器の歴史はいつもその時代の技術の限界までいっているのです。いつの時代にもやれという人間（為政者）がいました。では、やりますと言う技術者がいました。その挙句の果てに、人類は一九四五年に無思慮に（そのいきさつは前述しました）パンドラの箱を開けてしまったのです（オバマが言ったようにアメリカには道義的な責任があります）。一刻も早く箱を閉めなければなりません。もう、七五年がすぎてしまいました。このシステムは時間が経てば、ますます、閉めにくくなります。新型ウイルスと地球温暖化で世界は日々混乱し複雑になり、世界の複雑性の増大とともに暴発する確率が高くなります。

サイバーテロ一つ防げないのが現在の技術です。現代の社会には原発システム、高速鉄道システム、航空システム、巨大ダムシステム、……いくらでも攻撃対象があります。どんな国でも防ぐことはできません。ドローン、無人飛行機、無人自動車、無人潜水艦……国内からでも国外（サイバー攻撃）からでも、ありとあらゆる方法があります。

二〇〇一年には民間機四機を武器にして、破天荒なことをやった者がいました。それができるなら、これはどうだ、あれはどうだと考える人間が出てきます。人間が考え出すことをすべて予測することは不可能です。これを防ぐ方法は「人間が、そのようなこと（戦争やテロなど）を考える必要のない（よい）世の中に変えていくしかありません（ある程度の犯罪は仕方ないでしょうが）。それには時間がかかります。

宇宙空間から海の底まで三次元、四次元で核攻撃をするもの、それを防ごうとするもの、どちらが有利か、それは攻撃の方です。たとえミスっても敵国に打ち込めば甚大な被害が出ること請け合いです。それに対して一発もミスなく打ち落とさなければならない防御技術などありえません。このような賭けを人類がしなければならない理由がありますか。覇権国家アメリカのメンツですか。

ケネディ「人間が作り出したもの、それゆえ、人間によって解決できる」

核時代のもっとも確実な安全策は核兵器をお互いに持たないことであるということを率直に認め、どうやったら、この地球から核兵器を撤収できるかに人類の叡智を結集する方がずっとやりやすいでしょう。

したがって、アメリカは新たな核技術開発・核軍拡に逃げるのではなく、自国家の安泰だけを考えるのではなく、北朝鮮の核がアメリカに届き始めた今こそ、核の恐怖に身をさらしている人間の気持ちになって真剣に核の廃絶を考えるべきときに来ているのです。

一九六三年六月、アメリカン大学で、ケネディ大統領は、「今直面している問題は人間が作り出したものです。それゆえ、人間によって解決できるものなのです」と言いました。

そうです。この地球の人間みんなが「核はやめよう。自分たちだけ核に守られるようなことはやめよう」と思えばよいのです。

核廃絶は覇権国家アメリカの時代にしかできない

今、アメリカが核廃絶に転換する決意をしないと、人類は永久にこの兵器を廃絶するチャンスを失ってしまうでしょう。人類の未来には結局絶滅しか残されていなくなるかもしれません。核兵器は、アメリカが生み出した兵器であり、アメリカが最強国で、アメリカの覇権力が世界に通用する今でなければ、国際管理などには移せません。

国連はアメリカの覇権のもとに創り出した国際機関です。この国連を形骸化させたのもアメリカでした。しかし、人類にとって今や国連は唯一の世界平和のよりどころとなるものです。国連加盟国一九三ヶ国の大半は、今やアメリカの覇権のもとにある「アメリカの平和」から、恒久平和の可能性のある「国連の平和」、名実ともに平等な国連の統治のもとにあることを望んでいます。アメリカは国連を名実ともに人類統治の世界機関として認め、アメリカの覇権を国連に大政奉還し、これに核兵器を管理させるべきです。そして、アメリカは普通の国に返って、いや、常任理事国の筆頭として、今しばらくこの国連が人類共通の統治機関として独り立ちできるように、後見国として見守るべきです。となるとこの一〇年しかありません。

私たちアメリカ以外の国は、次世代の子供たちのために、一刻も早くこの地球を核ゼロの世界にする（核を生み出した世代として）責務があり、それをアメリカに迫る義務があります。アメリカと一緒に核ゼロを実現する責務があります。

現状においても、たとえばロシアは数千発の核弾頭を持っています。もし、アメリカが一方的にＢＭＤを構築するとなると、ロシア（あるいは中国）は、より多くの複雑な核弾頭を保有しようとして再び冷戦時代に逆戻りとなるでしょう。中国のＧＤＰは一〇年以内にはアメリカを超えるでしょう。軍事費もアメリカに迫るか、超えるかするでしょう。核の絶対数でもアメリカを超えることが可能となります。そうなる前に、まだ、民主国家の代表としてのアメリカの威厳があるうちに、核ゼロに舵を切ってほしいのです。その後の世界においても、今しばらく、民主的な国連システムが本格的な国際規範となるまで、アメリカ主導で国連を世界を指導してほしいのです。世界の七八億人は、七五年前の弱肉強食の、あるいは帝国主義、独裁国家群の世界に返ってしまうことを最も恐れているのです。今、人類の最大の叡智が試されています。

《三》人類はこうして核兵器を廃絶できる

核兵器の国連管理しか道はない

今まで述べたようなことで、人類にとって核兵器は最悪の兵器であり、人類はこれとの共存はできないのであり、人類は最終的には核兵器をすべて廃絶すべきであることはわかっています。問題はどうやって、それを廃絶するかです。

現在、核兵器の不拡散に関する条約（核拡散防止条約：ＮＰＴ）で公式に核兵器保有が認められている五ヶ国（アメリカ、ロシア、イギリス、フランス、中国）も含めて廃棄されなければなりません。なぜなら、国連憲章でも認めているように、国家は平等であって、差別があってはならないからです。核兵器の保有できる国、できない国の差別はつけられないのです。この差別がある限り、四ヶ国（インド、パキスタン、北朝鮮、イスラエル）も廃棄しないでしょう（人間は差別がないとして進化してきており、現にすべての人間がそう思うようになっています。人間に差別がなければ、それらが作った国も差別がありません。人類が合意した国連憲章と世界人権宣言はそのように規定しています）。

その差をつける限り、人間（国）はその差にこだわり、核兵器を持とうとする国が出てくるのです。「人類は核兵器のようなものはいっさい持たない」と人類すべてが決意したときにはじめて、核兵器の全廃はできるのです。例外があれば、現代の進歩した情報システムによってそれは世界中に広がり人類はそれを許さないでしょう。人類が持つ「正当性」「公平性」「正義」を損なうようなことは、もはやできない時代になっているのです。

核兵器禁止条約が核廃絶の根拠条約

その点、二〇一七年に国連総会で成立した核兵器禁止条約は大成功です。この条約は、正式には「核兵器の開発、実験、製造、備蓄、移譲、使用及び威嚇としての使用の禁止ならびにその廃絶に関する条約」であり、核兵器の全廃と根絶を目的とした画期的な国際条約です。これが人類のすべての核廃絶運動の根拠条約となります。現段階では、核保有国がこれに反対するのは（実際には反対していません、不参加でした）当然ですが、その他の一八四ヶ国（現在の国連加盟国数一九三－九＝一八四）は本来これに賛成であるはずです。

核兵器禁止条約は、二〇一七年七月七日に一二二ヶ国・地域の賛成多数により採択されました。全核保有国九ヶ国は不参加でした（反対ではありません）。アメリカによる核の傘の下にあるカナダやドイツなどＮＡＴＯ加盟国や日本、オーストラリア、韓国なども不参加となりました（反対ではありません）。反対票を投じた国はオランダの一ヶ国、棄権した国はシンガポールの一ヶ国でした（オランダはアメリカのニュークリア・シェアリングの四ヶ国の一つです）。

この条約は、五〇ヶ国が批准して九〇日後に発効することになっていましたが、二〇二一年一月二二日に発効となりました。

問題は日本などアメリカの核の傘に守られていると思っている国（ここにはＮＡＴＯのニュークリア・シェアリング国であるドイツ、イタリア、ベルギー、オランダも入ります）が今後どうするかです。今後、米ロ中（その他の核保有国を含めて）などの核保有国が核軍縮するどころか、ますます、高度で防御できないシステムを増やしていきますと、抑止力になるどころか、そのようなシステム下にあることが、もっとも危険であることをさとり、核の傘を離脱し、核兵器禁止条約に参加してくるでしょう。つまり、核保有国（この国民も個人的には核保有反対が増えるでしょう）以外の一八四ヶ国は団結して、核保有国に核廃絶を迫らなければ、核廃絶は実現しないでしょう。

もう、今の世界において核の傘など実際にはないのです。たとえば、日本をとりますと、（ロシア、中国、最近は北朝鮮など）日本を攻撃する中距離弾道ミサイルは、秒速三〇〇〇～七〇〇〇メートルの速度で落下してきます。これを撃ち落とすことなど、現実的にはありえないのです（アメリカがやれるというのでしたら、その目で確かめて下さい）。

最初から「核の傘はない」

核の傘という概念は、今から五〇年も昔、キューバ危機が起こって、米ソがＩＣＢＭをどんどん増やしていった時期、ヨーロッパのＮＡＴＯをつなぎとめるために作ったものですが、米ソ間の戦略交渉の中心人物であったヘンリー・キッシンジャー元米国国務長官は、『核兵器と外交政策』（ヘンリー・Ａ・キッシンジャー著／森田隆光訳／駿河台出版社：一九五七年、キューバ危機の前のハーバード大学政治学教授のときに執筆しています）の中で次のように最初から「核の傘はない」と主張しています。

「全面戦争という破局に直面したとき、ヨーロッパと言えども、全面戦争に値すると（アメリカの中で）誰が確信しうるか。アメリカ大統領は西ヨーロッパとアメリカの都市五〇とを引き換えにするだろうか。西半球以外の地域は争う価値がないように見えてくる危険がある」と記しています。

軍事戦略に精通したターナー前米中央情報局（CIA）長官（海軍提督）は一九八六年六月二三日、読売新聞でのインタビューで、アメリカが同盟国に提供しているいわゆる「核の傘」問題について、

「アメリカが日本や欧州防衛のためにソ連に向けて核を発射すると思うのは幻想である。（中略）我々は米本土の核を使って欧州を防衛する考えはない。アメリカの大統領がだれであれ、ワルシャワ機構軍が侵攻してきたからといって、モスクワに核攻撃をかけることはあり得ない。（中略）われわれはワシントンを犠牲にしてまで同盟諸国を守る考えはない。（中略）アメリカが外国と結んだいかなる防衛条約にも、核使用に言及したものはない。（中略）日本についても有事の際、アメリカは助けに行くだろうが核兵器は使用しない」

と言っています。

キッシンジャーは前述の著書で、「巨大な破壊力を持った核兵器が登場したことによって、軍事戦略はまったく変えなければならなくなった。それは、全面的な核戦争か、全面的な敗北の選択というジレンマに直面するからである。つまり核時代において戦略の課題とは、核兵器の使用を組み込んだ限定戦争の戦略しかない（これを彼は柔軟反応の核戦略といい、

当時の世論に受けて有名になりました）。核戦争になったとしても適切な限定戦争の教義に従えば破滅的な戦争になるとは限らない。原則として限定戦争の目的は最小限の軍事力を使用するべきである（著者注：このキッシンジャーが言うように核を使って、そのような名人のようなことができるはずはありません。結局、戦争になれば、存在するすべての兵器が選択肢になってしまいます。核時代初期だったから、また、実例がないから、こんなことを言ってすみました）。（中略）結局、十分な報復力を維持することで全面核戦争を抑止しながらも、敵の行動に反応できる段階的な軍事力の使用が準備されることが核時代の安全保障の課題となる」と言っています。しかし、結局、六〇年経って、現在の核兵器に満ちた世界になったのです。

キッシンジャーはこの著作によって、ニクソンに見い出され、大統領補佐官（安全保障担当）、国務長官となり、東奔西走しましたが、核兵器に限定戦争戦略（柔軟反応核戦略）などありえない観念的戦略であったことを認め、「もはや核兵器は危険な兵器になった」と認めています。

つまり、核の傘などもともとなかったのです。核の限定的使用などもありえなかったのです（核保有国が核を使用されておさまるわけがありません。ましてや九ヶ国になれば）。

核の傘も限定核使用もアメリカやソ連（ロシア）の同盟主義の口実に使われていただけです。中国の核の傘があるのかないのか、まだ、聞いたことはありませんが、こういう人間の弱さを突いた駆け引きは、もう終わりにしないといけません。政治家のその場限りの言いわけで、人類は七〇年近くを浪費しました。とくに、日本の政治家はこの手の〝匂わせる政治〟を古来やってきましたが、国際的にはまったく通用しません。

それでは、第二次世界大戦以降、なぜ核保有国は核兵器を使用してこなかったのかという疑問が起きます。それは結局「核の戦争利用はダメだ」というアメリカ世論や世界の世論が（日本の世論も大きかったと思います）、核兵器の使用にブレーキをかけていたのです。（ということは、本音では人間はみな「核兵器は人道にもとる」を認めていたのです。トルーマンは生涯「まったく心が痛まなかった」と言っていたそうですが、彼が人間であったら、本音では心を痛めていたと思います。）アメリカは朝鮮戦争のときも、ベトナム戦争のときも、また、イスラエルも第四次中東戦争のとき、核使用を検討しましたが、結局断念したのは世界の世論を気にしてでした。

一九四五年のトルーマンの決断の轍を踏んで歴史に悪名を残したくない、それでもイスラエルのように国の運命がかかっているような場合にはやったでしょうが、あの場合はそのとき、運よく形勢が好転したので使わなかった。これが現在のように小国あるいはテロリストが持つようになれば、名誉も人道もあったものではありません。むしろ英雄になれるのですから。

結局、核保有国は自発的に核放棄することはありえません。核保有国の国民も核放棄を要求しないでしょう。しかし、私たちは核保有国の国民に対しても、人間として政府に核放棄を働きかけるよう懸命に努力しなければなりません。一八四ヶ国が団結して、人類の総意として、人類すべてが生き残るため、核兵器の廃絶を要求することだけが、核廃絶を可能とし、それが人類が生き残る唯一の道です。

核兵器のない世界へのシナリオ

このような前提で、どうやって、この地球上に存在する核兵器を廃絶して『核兵器のない世界へのシナリオ』を描くことができるでしょうか。その筆者の案が図6です。

まず、第一に、図5（二五二ページ）のように、現在の非核兵器地帯（薄いグレーの部分）を地球全体に広げることです。

たとえば、日本や韓国は、非核兵器地帯を形成していませんが、すでに次のように東北アジア非核兵器地帯条約の提案がされていますので、これをまず実現することが必要です。これは、二〇〇七年から二〇一三年度に至るまで長崎市が日本政府に推進を求める構想として『長崎平和宣言』でも提案していましたが、二〇〇八年八月、当時の民主党核軍縮促進議員連盟が初めて公式に東北アジア非核兵器地帯条約として提案したものです。その後、二〇一二年五月一八日に超党派の国会議員で作る「核軍縮・不拡散議員連盟・日本」が検討しているようです。

　大韓民国、朝鮮民主主義人民共和国、日本の三ヶ国（以下、「地帯内国家」）で日本の非核三原則をモデルに非核兵器地帯条約

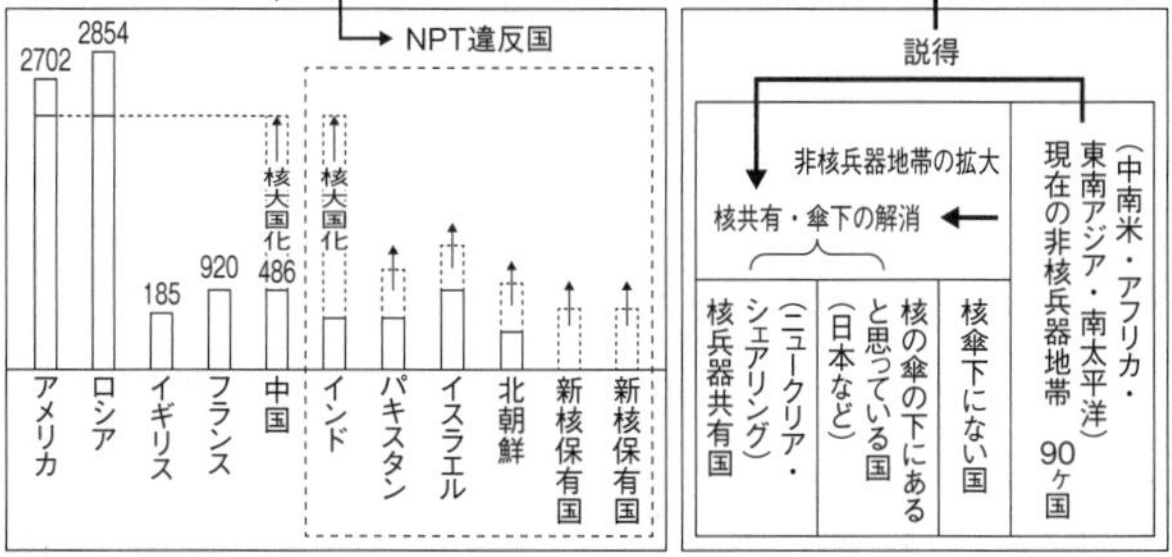

図6. 核兵器のない世界へのシナリオ

を締結し、中国、ロシア、アメリカの周辺三ヶ国（以下、「近隣核兵器国」）が、地域内国家三ヶ国に対する核攻撃をしない「消極的な安全」を保証する議定書に参加するという方式（スリー・プラス・スリー）で、東北アジアに非核兵器地帯を創設するというものです。

問題となるのは、日本などのようにアメリカとの条約によって有事にはアメリカの核兵器に守られると思っている国々や、核兵器は開発していませんが、アメリカの提供した核を共有するという核兵器共有国（ニュークリア・シェアリング：ドイツ、イタリア、オランダ、ベルギーの四ヶ国）が、核の傘や核の共有を放棄して非核兵器地帯に参加する決心をするかどうかということです。

そのためには、それぞれの国民に、一九四五年以来の核システムの実態と世界の現状とそして人類が現在当面している危機の実態、今後の見通しをよく知ってもらうことが不可欠です。本書で縷々記してきたことです。これは各国政府が最終的には行わなければなりません。この地球という惑星に一緒に生活することになった人類の子孫たちがどう生きたらよいか、一人ひとりに判断してもらいましょう。

ケネディも「一発の核熱爆弾がどこかの町に投下されるとき、偶然であれ狂人の仕業であれ、大国であれ小国であれ、その破壊力の恐ろしさは計り知れません。私はみなさんが討論に加わることを望みます。ともに平和の道を探し出そうではありませんか。それがいかに遠い道であろうとも、我々の時代が、その第一歩を踏み出そうとしたことを歴史の中に記録しようではありませんか」と国民一人ひとりの参加を呼び掛けていました。

世界の一八四ヶ国は、冷戦期の初期のソ連だけが対象国だった頃には、今までのやり方でソ連からの核の脅威に対応できると思っていましたが、現在では、核保有国が九ヶ国に増大し、しかも、中国、インドなどは今後、経済発展して経済大国になるばかりでなく、核大国化（現在の米ロに匹敵するようになるでしょう）するようになれば、核兵器の存在そのものが、大きな脅威となり、核の傘、核の共有はむしろ、より危険にさえなってくると考えるようになるでしょう。

とにかく、第一には、図5のように、全人類が核廃絶を目指して非核兵器地帯を非核保有国全体に広げることです。これはあまり時間をかけずにできるでしょう（人間であれば、子孫を未来永劫、核の恐怖の下におくことを望む親はあまりいないでしょう）。人類全体の情報システムであるインターネットをもって、七八億人の人類に呼びかけることです。

第二に、一九九六年七月八日に出ました「核兵器に対する国際司法裁判所の勧告的意見」は、それはそれとして、二〇一七年の核兵器禁止条約が成立したのですから、一九三ヶ国の国民に絶えず「核兵器の恐怖を与える」人権侵害として、国連人権委員会に訴えて、国際司法裁判所の判断を仰ぎましょう。この地球に生まれた人間として、ケネディの言葉ではありませんが、いつも「全人類は地球上に存在した大量破壊の暗黒のとばりの中で」暮らさなければならなくなったことは、苦痛で最大の人権侵害であります。とくに、本来、未来の夢に満ちた子供たちの精神にこれほど悪影響を与える苦痛はありません。

第三に、「非核兵器地帯（非核保有国）への核兵器使用を禁止する条約」を国連総会で成立させましょう（ということは、核保有国の核使用の対象国は、現在で言えば九ヶ国ということになります）。丸腰の人間をピストルで撃つのは人間として卑怯であるという論理ですが、これは人類の歴史でかなり共有されている人倫です。すでに一部の非核兵器地帯では核兵器保有国がそれを認めているところもあります。実際には安保理では無理でしょうが、総会で決議しましょう。賛成しない国が出ると思いますが、それはそうであっても、実態は既成事実となるので、時間が経つにつれて核保有国はきわめて重い国際法的、倫理道徳的負担となるでしょう。

核保有国にとって、核兵器は実際には使えそうもなく、また、国家のステイタスとなるどころか、世界中から（非核地帯の一八四ヶ国から）、国際条約違反国、国際人権侵害国として軽蔑され、経済的負担のみ重いという実態になれば、核を自ら放棄する国も現れてくるかもしれません。

最後に核兵器国連管理条約の締結

第四に、すべての国が核兵器を放棄して国連の管理下に移管する核兵器国連管理条約を締結します。そして国連という人類共通の集団安全保障の組織が核兵器を管理します。

核をすべて直ちに廃棄するのではなく、一時的に国連が管理するのは、

① 廃棄したあとで、どこかの国（あるいはテロ集団）が核兵器を密かに持つかもしれないからです（もともと原爆の開発はヒトラーのような男が核兵器を持ったら大変だということで始まったことは述べました。予防的なものでした。廃棄したあとで、再びそのようなことが起こってはならないので国連がそれに備えて管理するのです）。

② もう一つの理由は、最近、天文学が進んで、地球に向かってくる巨大な隕石はある大きさ以上は一〇年、二〇年程前にわかるようになりました。六五〇〇万年前に恐竜などを絶滅させた隕石は、直径一〇キロメートルぐらいだったと想定されていますが、それよりかなり小さいものでも現在では事前にわかるようになっています（大きさに

よって事前にわかる時間が異なります）。従ってシミュレーションによって、地球に衝突する恐れが出たら、国連として全世界の叡智を結集して、その巨大隕石を事前に地球への軌道から外すために物理的な強制力として核兵器を利用できるかもしれません（はやぶさの技術を考えればそれは可能でしょう。もちろん、これはもっと専門家が検討しての話です。最近、ＮＡＳＡとヨーロッパ宇宙機構がこのための共同研究を始めることになりました）。

③

マンハッタン計画で原爆の完成が近づいたとき、この開発にたずさわった大部分の科学者たちは、ドイツに投下する必要がなくなったとき、（そして日本に投下する恐れが出たとき、その投下に反対し）、国連管理をアメリカ政府に提言していました。これをアメリカ一国が独占すると必ずソ連が数年後に開発して、大変なことになると予測していました。また、第二次世界大戦後、国連管理が米英ソで検討されましたが、米英案がソ連に不利だったのでソ連が蹴った経緯があります。つまり、原爆を開発した当事者が一番悩んだのは、将来の人類の運命だったのですが、彼らが出した結論が廃絶ではなく、国連管理だったのです。なぜか、原爆の原理は分かっていて、それはいずれ創り出すのは簡単であることも知っていました。つまり廃絶することはより不安を生み出すこと（誰かがまた密かに作っているのではないか）がわかっていたのです。そこで国連管理を主張したのです。アメリカはこれを支持すべきでしたが、科学、核技術に疎い政治家が核の独占に目がくらんで、結局、そちらに流れていったことは述べた通りです。それが再び起きてはならないので、国連管理で（何も起きなければ）封印してしまうことが最も賢明な選択です。

④ 核保有国が同意しやすいと考えられるからです。核保有国も国連で管理することになったと言えば、国民を納得させやすくなります。

いずれにしても、核兵器を国連管理とし、他の核兵器はすべて廃棄する。国連管理の仕方は、今後、専門家が検討することになりますが、米ロ中の常任理事国が必要最小限の核兵器を各国に一ヶ所保有し、核のボタンは国連事務総長、アメリカ大統領、ロシア大統領、中国主席の四人が同時に押さなければ、解除されないようにしておく。英仏については安保理で議論して決めることにします（管理の技術的な理由だけです。具体的なシステムは専門家で構築できるでしょう）。

国連の管理に移された核兵器以外の現在、九ヶ国が保有している核兵器はすべて廃棄されます。これによって北朝鮮など後発核保有国が、現在のＮＰＴの核体制は不平等であると言っていたことはこれによって解消されるでしょう。また、核保有国の核放棄に当たっては、その体制保証と（必要なら）経済的自立ができるように経済援助を国連をあげてすることにします。もし、これ以降も廃棄に同意しない国が出れば、その国に対しては、国連の経済制裁が、廃棄されるまで適用されます。

人類の総意の圧力と経済制裁によって、残った核保有国も核放棄せざるを得なくなるでしょう。アメリカがイニシアティブをとれる現在しか、人類に核廃絶のチャンスは永遠にめぐってこないでしょう。

おわりに

私は一九四二年に島根県に生まれましたが、この年にマンハッタン計画が動き始めたので、原爆と同じ七八年間を生きてきたことになります。小学六年生のとき、修学旅行で広島の原爆記念館を初めて見学しました。大学生のとき、寮のテレビでキューバ危機とケネディ暗殺を見て大きなショックを受けました。

通産省の宇宙産業室長のとき、ホワイトハウスでレーガン大統領の科学担当補佐官キーワースに会い、日米宇宙産業協力（地球資源衛星の開発）の話を進めていましたが、ある日（一九八三年三月二三日）、突然、レーガン大統領のＳＤＩ開発の歴史的演説があり、キーワースから日米協力の話はなかったことにしてくれという電話がありました。

ここ四年間は、トランプ大統領の北朝鮮問題とイラン核問題を注視してきましたが、アメリカ任せの外交では日本はどこへ連れていかれるかわからないという危惧を強くしました。やはりどの国に覇権が移ろうと、日本は人類の歩むべき道に則った国連憲章と日本国憲法（この二つはつながっています）に沿って進むことが最も重要であると七八年間の経験から思う今日この頃です。

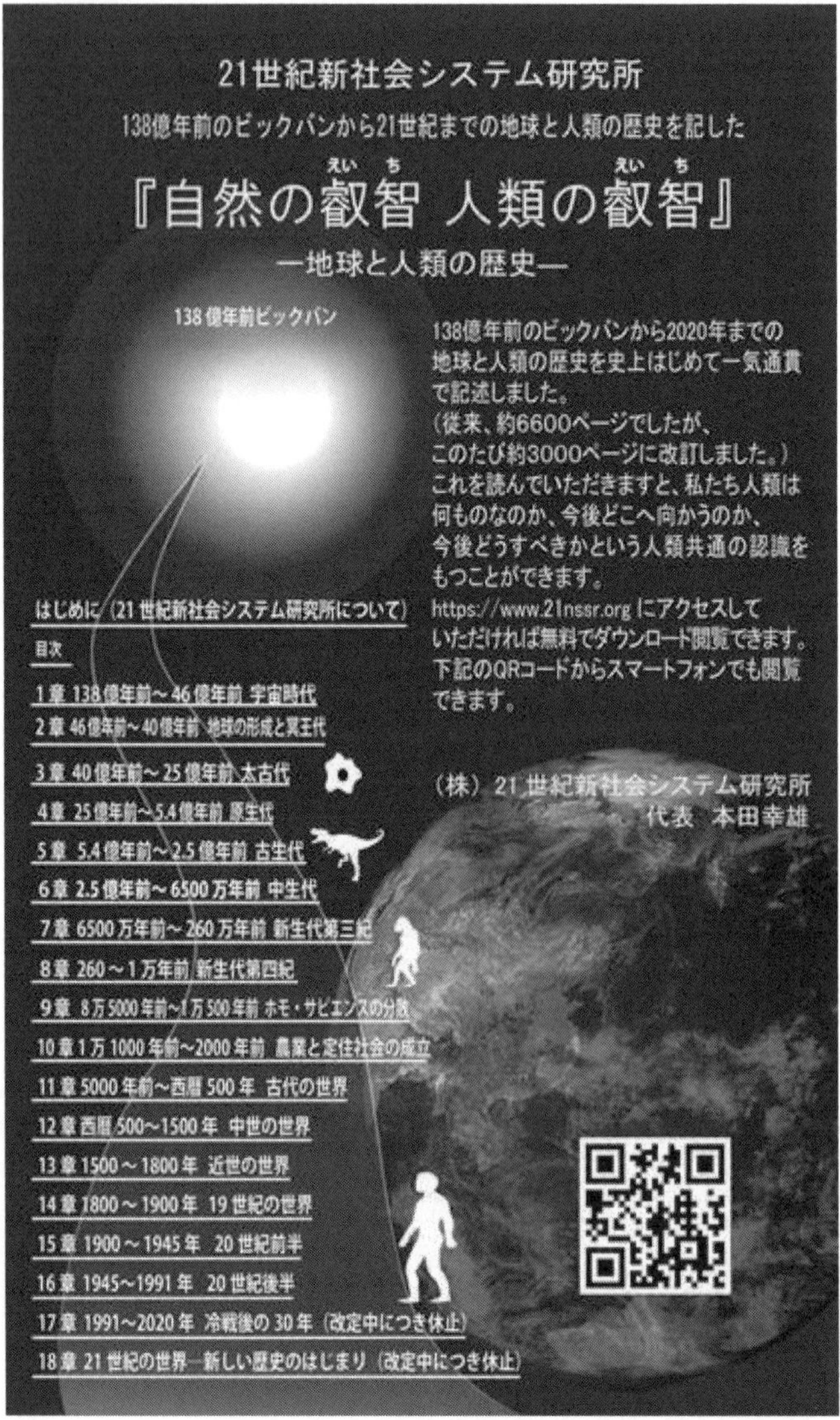

筆者が代表を務める（株）21世紀新社会システム研究所HP　https://www.21nssr.org/

著者略歴

本田 幸雄（ほんだ ゆきお）

1942年、島根県生まれ。東京大学工学部機械工学科卒業。通産省入省、重工業局、資源エネルギー庁、工業技術院、（文部省出向）長岡技術科学大学教授、通産省機械情報産業局、中国通産局長。通産省退職後、医療福祉研究所、（財）愛知国際博覧会協会などを経て、現在、（株）二十一世紀新社会システム研究所代表。著書に『21世紀の社会システム』、『水田ハ地球ヲ救ウ』、『ベンチャービジネス成功への決定的条件』、『西暦2000年への選択』（監訳)、『地球白書』（監訳)、『二一世紀地球システムの創造』（共著)、『「グローバル・サンシャイン計画」で防ぐ劇症型地球温暖化』（幻冬舎、2021年5月)、『劇症型地球温暖化の危機　日本はこうして食料自給率100％を達成する』（幻冬舎、2021年11月）など。

幻冬舎ルネッサンス新書　240

人類《じんるい》はこうして核兵器《かくへいき》を廃絶《はいぜつ》できる
核兵器《かくへいき》廃絶《はいぜつ》へのシナリオ

2021年11月26日　第1刷発行

著　者　　本田幸雄
発行人　　久保田貴幸

発行元　　株式会社 幻冬舎メディアコンサルティング
〒151-0051　東京都渋谷区千駄ヶ谷4-9-7
電話　03-5411-6440（編集）

発売元　　株式会社 幻冬舎
〒151-0051　東京都渋谷区千駄ヶ谷4-9-7
電話　03-5411-6222（営業）

ブックデザイン　田島照久
印刷・製本　中央精版印刷株式会社

検印廃止

Printed in Japan
ISBN 978-4-344-93648-5　C0295
幻冬舎メディアコンサルティングHP
http://www.gentosha-mc.com/